फुलिया एक लड़की का नाम है

फुलिया एक लड़की का नाम है

अस्मिता सिंह

अनुज्ञा

अनुज्ञा

प्रथम संस्करण : 2023

ISBN 978-93-95380-85-0

प्रकाशक
अनुज्ञा बुक्स
1/10206, लेन नं. 1E, वेस्ट गोरख पार्क, शाहदरा, दिल्ली-110 032
e-mail : anuugyabooks@gmail.com • salesanuugyabooks@gmail.com
फोन : 011-22825424, 7291920186, 09350809192
www : anuugyabooks.com

शाखा कार्यालय : धर्मकांटा चौक, राष्ट्रीय राजमार्ग 57,
एम.बी.बी.एल कॉलेज रोड, बैरिया, मुजफ्फरपुर-842 003 बिहार

शाखा कार्यालय : बी-1171, द्वितीय तल,
ग्रीन फील्ड्स कॉलोनी, फरीदाबाद-121 010 हरियाणा

शाखा कार्यालय : 301, तृतीय तल, राधाकृष्ण अपार्टमेंट, सांई कॉलोनी,
स्टेशन रोड, चाईबासा, पश्चिमी सिंहभूम-833 201 झारखंड

मूल्य : 400 रुपये

आवरण
राधश्याम

मुद्रक
अर्पित प्रिंटोग्राफर्स, दिल्ली-32

FULIYA EK LADKI KA NAAM HAI *by* ***Asmita Singh***

एक

गंगा के किनारे अवस्थित यह एक बहुत बड़ा गाँव है। एक तरफ से गंगा का किनारा और दूसरी तरफ से नेशनल हाईवे का विस्तार। बीच में अवस्थित एक खुशहाल गाँव। इस गाँव की एक अजीब बात है। वह यह कि गंगा की जल-धारा तीन भागों में विभाजित होकर, तीनों धाराएँ समानान्तर बहती हैं। गाँव के सबसे नजदीक लगभग आधा मील के फासले से पहली धारा बहती है जो अब तो बिल्कुल सूख कर खेत का हिस्सा बन चुकी है। पहले भी गर्मी में यह धारा सूख जाती थी, पानी सिर्फ घुटनों तक ही रह जाता था। पर बरसात और सर्दी में यह प्रवाहित होती रहती है। गहराई भी ज्यादा नहीं रहती, जिसे यहाँ के लोग 'छोटकी गंगा मइया' कहते हैं और सर्दियों में तो सुबह से शाम तक लोगों का आना-जाना लगा रहता है। फिर करीब डेढ़-दो किलोमीटर की दूरी पर गंगा की दूसरी धारा बहती है जो गर्मियों में थोड़ा सिकुड़ तो जाती है पर हमेशा आबाद रहती है, जिसे यहाँ के लोग 'मंझली गंगा मइया' कहते हैं। इसके पश्चात तीन-चार किलोमीटर के फासले पर गंगा की तीसरी धारा प्रवाहमान है जिसे यहाँ के लोग 'जमुना जी' कहते हैं, उसमें बड़े-बड़े पानी के जहाज आते-जाते रहते हैं। दोनों धाराओं के बीच में दियारा का विशाल क्षेत्र पसरा हुआ है। वैसे आज की तारीख में पहली धारा तो हमेशा के लिए सूख चुकी है। दूसरी धारा भी घुटनों तक पानी वाली होकर सिर्फ मवेशी धोने के लायक बची हुई है।

दूर-दूर तक गंगा के किनारे-किनारे सफेद चमकती रेत का यह विशाल क्षेत्र मुझे बचपन से ही प्रिय रहा। शायद महानगर की

भागम-भाग जिन्दगी के विपरीत प्रकृति के प्रांगण में उन्मुक्त हो साँस लेना मुझे अन्दर-ही-अन्दर तृप्ति प्रदान करता था। जिस किस्म की आन्तरिक खुशी मुझे वहाँ जाकर मिलती थी, वो फिर कभी भी कही, नहीं मिल सकी। प्रकृति का वो प्रांगण, नदी का शान्त किनारा, धारा की थपकियाँ, बेखौफ माहौल, शरीर और मन को आनन्दित करते थे। ऊपर से यहाँ का माहौल एकदम शीतल, उन्मुक्त और आत्मीयता से भरा हुआ रहता था। यहाँ का जीवन शहरोंवाली हरदम की व्यस्तता, चारों ओर भीड़-ही-भीड़ पर अकेलेपन का एहसास, खतरों से भरी खौफजदा और तनावग्रस्त जिन्दगी के ठीक उल्टा था।

स्कूल की गर्मियों की छुट्टियाँ अक्सर मैं यहीं आकर बिताया करती थी। इसके अतिरिक्त भी मौका मिलने पर छठ-पूजा और होली की छुट्टियाँ भी मैं यही बिताना पसन्द करती थी। इस गाँव की भगिनी थी, पर इतनी दफा मैं यहाँ आ चुकी थी मानों यह मेरा ही गाँव हो। पर स्कूल पास करने के पश्चात यह सिलसिला लगभग खंडित-सा होता गया। धीरे-धीरे लगभग खत्म ही हो गया। इस गाँव की स्मृतियों में एक स्मृति फूलकुमारी की भी है जो कभी एक जमाने में मेरी गाँव की एक खास सहेली हुआ करती थी और जो देखते-देखते फुलिया बन कर मेरे लिए और इस गाँव के लिए इतिहास की एक दर्द भरी दास्तां बनकर रह गयी।

उस बार पूरे चार साल पश्चात गाँव पहुँच पायी थी। मेरी सारी सहेलियाँ जो या तो मौसी लगती थीं, या ममेरी बहन– किशोरावस्था को प्राप्त कर चुकी थीं, पर स्वभाव की चंचलता और उत्सुकता बालपन की तरह बनी हुई थी। सुबह होते ही पहले ही की तरह मेरी टोली गंगा स्नान के लिए मुझे लेने आ पहुँची थी, जिसको देखकर नानी ने ताना भी कस दिया था कि “लो भई, अब बुढ़िया को कौन पूछता है?” तब तक नानी गंगा स्नान करके आ चुकी थी। सुबह जाते समय मुझे भी साथ चलने के लिए कह रही थी, पर पाँच बजे

भोर में उठकर जाना मेरे लिए अति कठिन था। नानी के व्यंग पर सब खिलखिला उठी थीं। मैंने गंगा की तरफ जाने वाली उस पगडंडी पर नजर डाली जो सीधे गंगा किनारे तक जाती थी। बदस्तूर पगडंडी के दोनों किनारे वैसे ही खेत फैले थे और जहाँ-तहाँ इक्का-दुक्का लोग खेतों में काम कर रहे थे। हमारी टोली हमेशा की तरह हँसी-मजाक करते हुए रास्ते से गुजर रही थी। कुछ लड़कियाँ सलवार-सूट और कुछ साड़ी पहने हुए थीं। साड़ी पहनने का मतलब ही था कि या तो उनका ब्याह हो चुका है या फिर उनकी शादी आनेवाले लगन के समय होने वाली है। सभी की उम्र 15-20 के बीच थी। चूँकि टोली में कोई उम्रदराज महिला यानी मामा (दादी) नहीं थी सो मंडली हमेशा की तरह धींगा-मश्ती करते गुजर रही थी। हाँ, फूल की शैतान आँखें शिकार की तलाश में आगे-पीछे भटक रही थीं। तभी अचानक फूल की नजर कुछ दूरी पर आगे-आगे चल रही बगल के टोले की एक वृद्धा पर पड़ गयी। वृद्धा सर पर मैले कपड़ों का एक गट्ठर और हाथ में पीतल का लोटा लिए तेजी से बुदबुदाते हुए चल रही थी। फिर क्या था, फूल के इशारे पर हमलोग तेज कदमों से फासले को तय कर एकदम वृद्धा के समीप हो गये। फूल ने कहा, "देखो-देखो, गंगा को पवित्र करने मामा जा रही है।"

तभी सुनयना ने उस वृद्धा के सर पर मैले कपड़ों की गठरी को देखते टोका, "अरे मामा इस बुढ़ापे में तुम्हारी पतोहू तुमसे कितना काम करवाती है! उसको जरा भी शर्म नहीं है क्या?"

सुनयना ने बड़ी मुश्किल से अपनी हँसी रोक रखी थी, उधर फूल इशारे से सबको रोनी सूरत बनाकर रखने के लिए कह रही थी। तभी वृद्धा ने पलटकर दुखी-स्वर में कहा, "क्या ... करें ... बेटी! अब तो उन्हीं लोगों का न राज ... है। यह तो रोज का ही धंधा है। भोरे-भोरे, उठकर सबसे पहले आँगन-देहरी लीपना, चौका लीप-बुहारकर, गोबर काछकर, गोइठा पाथकर, कुएँ से एक बाल्टी मीठा

पानी लाकर रसोई में रखने के पश्चात मैले कपड़ों का गट्ठर सर पर रखकर गंगा जी के पानी में धोकर ले जाने के पश्चात भी दो रोटी देते वक्त दो बात पतोहू सुना ही देती है।"

कहते-कहते विवश बुढ़िया लम्बी साँस लेते हुए नन्ही पोती का हाथ थामे 'कलयुग', 'कलयुग' कहते आगे बढ़ गयी।

इधर अब तक दम साधे लड़कियाँ खिलखिलाने लगीं और 'कलयुग', 'कलयुग' कहते आगे बढ़ गयीं। तभी चुलबुली और शोख फूल ने तान छेड़ दी। गंगा की दूरी को कम करने का हमलोगों का यही तरीका था। खोज-खोजकर वृद्ध महिलाओं से मजाक करना, छोटे बच्चों को तंग करना और या तो फिर गीत-गाना गाते चलना। रास्ते के फासले कब मिट जाते, पता नहीं चलता था। गीतों का सिलसिला जारी था।

बनवा फूलेला फूलेल हो
बौराईल मोरा जियरवा,
कोइलिया जे कुँहुके ला बाग में,
काहे कुँहकत जाये रे जियरवा... ।

(बाग में फूल खिल गये,
पागल हो रहा है मन, कोयल बाग में बोल उठी,
मेरा मन भी कुछ बोल उठा है)

फूल को गाते देख सविता ने तान छेड़ा, मैंने कहा– 'लो भई कोयल अमराई में कुँहुकने लगी।'

तभी फूल ने कहा, 'अरे कोई साथ नहीं दे रहा है– क्या बात है?' अचानक पूरी टोली रव में आ गयी और सिलसिला गीतों का चल पड़ा। सविता ने तान छेड़ी :

हथवा में लेली राधे झांझरी गेड़ुरिया हो,
चल भइली यमुना नेहाय रानी राधिका।

(हाथ में लेकर राधे झाँझरी गेड़रिया, चल पड़ी यमुना नहाने रानी राधिका)

कुसुम ने दोहराने का काम किया। फूल ने अगला मुखड़ा गाया।

एक कोस गइली राधे, दूई कोस गइली हो...
तेसर कोस जमुना नेहाय रानी राधिका,

(एक कोस राधे चली, दो कोस राधे चली, तीसरे कोस में नदी किनारे पहुँच कर नहाने लगी)

कुसुम ने दोहराया– तेसर कोस... राधिका
इसके पश्चात सब एक साथ शुरू हो गयीं।
एक डूबी मारेली राधे, दूई डूबी मारेली हो...ओ ... ओ...
तेसर डूबी साड़ी-चोली चोरावे रानी-राधिका...का

(एक डुबकी मारती है, दो डुबकी मारती है तीसरी डुबकी लगाते समय कृष्ण राधा की साड़ी-चोली चुरा लेते हैं)

कदम के डाढ़ी चढ़ी, बोले मिठी बोलिया हो ...
हमहुँ तो कइलीं मजाक रानी राधिका...

(राधा के मिन्नत करने पर कृष्ण हँस कर कहते हैं, मैंने तो मजाक किया)

इसके पश्चात तो मानो होड़ लग गयी।

कुसुम ने पैरों को पटकते हुए तान दी–

चतल-चलत गोड़ा बथ गइलें हो ...गोड़ा बथ गइलें हो...
सइयाँ पड़ गइँले टिकुली गरदवा हो ...सइयाँ...

(चलते-चलते पैर दर्द करने लगे, प्रिय, टीका मेरा धूल से भर गया,

तुम अपनी रूमाल दो)

बसन्ती (जिसकी शादी तय हो चुकी थी) की तरफ आँखों से

इशारा करते हुए चिढ़ाते हुए गाने लगी–

–कइसे में देहू धानी अपनी रूमलिया हो ... अपनी... रू...

(मैं अपनी मर्दानी रूमाल तुमको कैसे दे दूँ)

सविता– माँगे मोर मरदानी रूमलिया हो।

(मुझसे मेरी मर्दानी रूमाल माँगती है)।

अभी हम अपनी मस्ती में डूबे गीत गाने की होड़ में लगे हुए ही थे कि अचानक हमारे पीछे चुपचाप चल रही एक वृद्धा ने सुनयना को (जो छींटदार गुलाबी रंग की साड़ी पहने हुए थी) टोकते हुए, थोड़ा झिझकते हुए पूछ ही लिया–

"क्यों बेटी! हाथ सूना-सूना है।"

"हाँ, मामा, कल पाहुन आये थे न। झकाझोरी में सारी चुड़िया टूट गयीं।" हाजिर जवाब फूल ने तपाक् से जवाब दिया।

वृद्धा खुशी से आँख चमकाते हुए बोली।

"अच्छा! ये सब तो सुहाग-भाग है बेटा!" और मुस्कराकर आगे बढ़ गयी।

पर फूल को तो शरारत सूझ रही थी, सो उसने तपाक से कहा (हँसी को दबाते हुए, आँखें चमकाते हुए)– "मामा इस बसन्ती को तो देखों, बेचारी!" कहकर उसने रोनी सूरत बना ली। वृद्धा बसन्ती की रंगीन साड़ी और सूनी माँग देखकर एकदम से द्रवित हो गयी और उसके मुख से बरबस निकल पड़ा– "हे भगवान! इस उमर में ऐसा अभाग!"

फूल अपनी हँसी को दबाये हुए इशारे से सबको चुप रहने को कहकर, उदास होकर बोल पड़ी, "हाँ, मामा पिछले साल ही तो, अभी तो शादी के चार दिन भी पूरे नहीं हुए थे।"

वृद्धा एकदम से आहत होकर पिघल गयी और ऊपर आसमान की तरफ कातर नजरों से देखते हुए उसके मुख से निकला, "भगवान भी कैसा पत्थर दिल है, क्या-क्या सितम ढाता है।" और एक गहरी

लम्बी साँस उसने ली।

फूल ने गम्भीर स्वर में कहा, "भगवान भी कितना खच्चड़ होता है ना?"

पर तब तक हँसी दबाय-दबाये लड़कियों का धैर्य जवाब दे चुका था और सब खिलखिलाकर हँसते हुए आगे दौड़ पड़ीं। उधर वृद्धा बुदबुदाते हुए पीछे-पीछे चल पड़ी– "कैसा जमाना आ गया है, ऐसी छोकरियाँ! इतने दुख की बात पर भी हँसती हैं।" और न जाने क्या-क्या बड़बड़ाते और कोसते हुए पीछे-पीछे चलने लगी थी।

इधर हमारी टोली अपनी ही कारस्तानी पर हँसते-हँसते गिरते-पड़ते गंगा किनारे ही जाकर दम ले पायी। किसी की हँसी रुक ही नहीं पा रही थी, दूर-दूर तक समतल सफेद बालू का किनारा। देखते ही मेरा मन आनन्द से भर उठा था। ऊपर से गंगा की चकमती जलधारा उसके ऊपर खुले आसमान का अबाध नजारा। नजर चाहे जितनी दूर तक डालो, चाहो तो पूरा का पूरा आसमान नजर में उतार लो, दृष्टि-विस्तार में एक छोटी से भी बाधा नहीं। मैं तो वहीं पानी में पैर डाल किनारे पर बैठ रास्ते की थकान को दूर करने लगी। बाकी सबने भी अपने कपड़े किनारे रख रेत पर ढेर हो गयीं, मानो कितनी थकी हुईं हों। जबकि उनके लिए यह रोज का सिलसिला था। बस सब मस्ती के मूड में थीं बेफिक्र, बेखौफ। दुनिया से बेखबर। क्योंकि वहाँ उनको कोई डर नहीं सता रहा था, टोका-टोकी, डाँट-फटकार या चाचा, भाई, बाप का। बगल में ही गंगा का पानी रेत में सिमट जाता था ऐसे में गंगा का करीब आधा हिस्सा चौड़ाई में सूख जाता था, पर उस जमीन पर मिट्टी नहीं होती थी। यहाँ से वहाँ तक सफेद रेत दूर-दूर तक फैली पड़ी रहती थी; एकदम चमचमाते हुए। सोने में यह मखमली बिस्तर को भी मात देता था। इसका फायदा फूल के गिरोह के साथ-साथ हमलोग भी उठाते थे। मैं तो सिर्फ छुट्टियों में ही वह आनन्द उठा पाती थी। कलकल करती नदी के किनारे, रेत पर

इधर से उधर दौड़ना, मचलना, खेलना, उठा-पटक आम बात थी। इस टोले के लड़के अपनी बहनों से पर्दा बनाये रखने के लिए दूसरे टोले के घाट के पास नहाते, जहाँ से बामनटोली की लड़कियों को नहाने का घाट नजदीक पड़ता था। बड़े उम्र वाले बूढ़े-बुढ़ियों के लिए कोई निश्चित घाट नहीं था। वे जहाँ पाते, वहीं नहा लेते। सच पूछा जाये तो घाट नाम से वहाँ कुछ भी बना हुआ नहीं था इस पार का पूरा किनारा समतल और सुरक्षित था। बस लोग एक-एक बाँस की दूरी बनाकर अपना-अपना घाट बनाये हुए थे।

लोग आते पाँच डुबकी लगाकर पाप नाशिनी गंगा में अपने पाप डुबोकर चल देते। रोज स्नान करने वाले पाँच या सात डुबकी से ज्यादा प्रायः कोई नहीं लगाता था। पर गंगा स्नान रोज करने वालों की एक अलग पहचान हो जाती थी। सबकी मटमैली धोती एक जैसी होती। शरीर का रंग भी थोड़े कम-बेसी के साथ पक्का गेहुँआ ही होता था। गंगा की मिट्टी और पानी में इतनी ताकत अवश्य थी कि उसमें डूबकी लगाने वाले प्रायः एक जैसे ही दीखते थे। मर्द तो जहाँ अपनी शारीरिक गन्दगी को गंगा में धोकर तुष्ट हो जाते, वहाँ औरतें एक-एक गट्ठर गन्दे कपड़े भी धो डालती थीं जो उनके छोटे नाती-पोतों द्वारा रात भर में गन्दा किये गये होते थे। वो सारी गन्दगी गंगा मइया को छोड़कर और कौन पचाता। गंगाजल से सूर्य को अर्घ्य चढ़ाकर गंगा मइया के हवाले पाप करके सब मुक्त हो जाते थे और साथ ही ताँबा या पीतल के कमंडल या लोटे में गंगाजल लेते जाते थे ताकि घर-द्वार को शुद्ध कर सके। गंगा किनारे का दृश्य पहले की तरह ही था। छोटे बच्चें जहाँ-तहाँ गेंद उछाल रहे थे जिनकी दादियाँ किनारे बैठ कपड़े धो रही थी। कुछ लोग पानी में डुबकी लगा रहे थे। जल्दी-जल्दी कुछ लोग तैर रहे थे पानी में और नहाने का मजा ले रहे थे। हमारी टोली रेत पर पसरकर सुस्ता रही थी, कारण थोड़ा भीड़ के छटने का इन्तजार था। कुछ ही देर में घाट लगभग खाली हो जाने

वाला था, तभी फूल हाथों में गिली रेत का गोला सुनयना पर फेंककर पानी के किनारे-किनारे दौड़ने लगी।

'अच्छा तुझे बताती हूँ' कहकर सुनयना भी रेत का गोला बनाकर उसके पीछे भागने लगी, पर तभी सामने बैठी बसन्ती से टकराने से रेत का गोला बसन्ती के सर पर गिरा। तब बसन्ती गुस्साते हुए उसको मजा चखाने के लिए दौड़ पड़ी। उनकी धमा-चौकड़ी शुरू हो गयी थी जो काफी समय तक चलने वाली थी। इधर मंजू और सविता कपड़े धोने में लग गयीं। बाकी लड़कियाँ पानी में उतर कर डुबकी लगाने की होड़ करने लगीं। उधर फूल दौड़ते-दौड़ते जब थक गयी तब सीधे पानी में उसने छलाँग लगा दी। उसके पीछे-पीछे सभी ने पानी में छलाँग लगा दिया। मैं भी छिप-छिप पानी में बैठ किनारे पर बालू का घर बनाने में व्यस्त हो गयी और उधर तैराकी की होड़ कहें या फूल को पकड़ने का खेल चल पड़ा। वह तैरते-तैरते नदी पार पहुँच गयी और वहीं से चिल्लाने लगी, 'आओ, आओ, पकड़ो तो जानूँ।' पर उस पर किसी ने ध्यान नहीं दिया। आजतक उसको कोई पकड़ नहीं पाया था, सो पकड़ने का सवाल कहाँ था।

'बदमाश कहीं की' कहते हुए बसन्ती लहरों पर चित्त लेटकर लहरों के साथ तरंगायित होने लगी। उधर फूल पानी के अन्दर ही से गोता लगाते हुए किनारे पर आकर हमेशा की तरह सविता और मंजू जो रेत का घरौंदा बना रही थीं, रेत का गोला घरौंदे पर फेंक उसे तोड़ पानी में गहरे गोता लगा गायब हो गयी। पीछे-पीछे मंजू और सविता उसको पकड़ने के लिए पानी में कूद पड़ीं। बसन्ती बोली, 'अरे उसको कौन पकड़ पाया है भला, मछली की तरह लहरों पर मचलती है।'

इसी तरह पानी में घंटों किल्लोल करते रहे, इस बात से बेखबर की घर पहुँचने पर नहाने के नाम पर इतना समय गँवाने के लिए सबको माँ की या दादी की फटकार सुननी पड़ेगी। अभी हम पानी में तैरते हुए धक्का-मुक्की, झीना-झपटी कर ही रहे थे कि थोड़ी दूर

पर पानी में खड़े होकर सूर्य को जल चढ़ाते हुए एक वृद्धा पर फूल की नजर पड़ी। सुनयना को आँखें मारते हुए फूल पानी में गोता लगाते हुए पानी के अन्दर ही अन्दर वृद्धा के पास पहुँच, ऐसे उजबुजाकर सर पानी से निकाला मानो वह डूब रही हो और बड़ी मुश्किल से जान बचाने के लिए वृद्धा का आँचल पकड़ा हो, ताकि वृद्धा की पूजा में थोड़ा खलल डाल सके। बेचारी वृद्धा आग-बबूला हो चीखने लगी थी। अपनी साड़ी का आँचल खिंचते हुए चिल्ला उठी–

– अरे तुझे नरक मिले कबाकीन कहीं की, बताओ तो भला! पूजा में विघ्न डाल दिया। अरे! छोकरी भगवान से तो डरो!

घाट लगभग खाली हो चला था। फूल ने बड़ी मासूमियत से जवाब दिया, "मैं तो डूब रही थी और तुमको भगवान की चिन्ता सता रही है।"

फूल के नाटक पर सभी खिलखिला पड़ीं और तैरते हुए वृद्धा से दूर चली गयीं लहरों के संग। जाते-जाते चिल्ला कर बोली कि "अरे मामा, आज तो तुमने एक डूबते की जान बचाकर पुण्य का काम कर दिया है, भगवान इसके लिए तुम्हें खूब फल देंगे। मरने के बाद सीधा स्वर्ग जाओगी।"

उधर बेचारी वृद्धा भुनभुनाते हुए पानी से निकल कपड़े बदलने लगी। तभी सामने एक वृद्धा को देखकर अपनी खीझ निकालने लगी– इन छोकरियों को तो देखो! दिमाग सातवें आसमान पर चढ़ा हुआ है। जैसे दुनिया में यही पहली बार जवान हुई हों।"

– अरे बहिन, गुस्सा मत होओ। बच्चिया डूब रही थी, वो तो भला हो, तुम्हारा आँचल पकड़ा गया, उसके हाथ में, सो बच गयी, नहीं तो बेचारी डूब ही जाती, कहते हुए दूसरी वृद्धा पीतल के लोटे में गंगाजल लेकर 'सीताराम', 'सीताराम' कहते हुए चली गयी। इसके पश्चात वह वृद्धा भी झखमार कर पीतल के लोटे में गंगाजल भर 'सीताराम', 'सीताराम' कहते हुए चल पड़ी।

उधर फूल अपना काम तमाम कर पानी में आगे बढ़ गयी। फूल के घने काले लम्बे केश पानी में लहरा रहे थे। गंगा के पानी के साथ-साथ गौर-वर्णा फूल का मुख भी स्वर्णिम आभा से दीप्त हो रहा था, जिसे देखकर साँवली बसन्ती का मन ईर्ष्या से भर उठा था। उसके मुख से बरबस निकल गया, "फूल सचमुच फूलकुमारी जैसी लगती है, कैसा राजकुमारी जैसे दमकता रूप है इसका, जिसके घर जायेगी, उसका तो भाग्य ही चरचरा जायेगा।"

कुसुम ने हँसते हुए कहा– "अंधेरे घर को रौशन करने वाली है।"

"सविता, नागबाबा की कहानी जानती हो ना, कैसे शापवश नागबाबा बने राजकुमार की शादी जिससे होती है, वह इतनी सुन्दर थी कि घूँघट उठाते अन्धेरा कमरा रोशनी चेहरा से जगमगा उठता था और राजकुमार का श्राप भी खत्म हो गया था, दुल्हिन का रौशन चेहरा देखकर।"

तभी सुनयना रेत और पानी उछालते हुए सामने से ऐसे गुजरी जिसे पानी उछल-उछल कर कुसुम को भिंगा दे, फिर क्या था, रेत और पानी का खेल शुरू हो गया। और धींगा-मस्ती, भागा-दौड़ती शुरू हो गयी। थोड़ी देर बाद मैं थककर किनारे कम पानी में जाकर बैठ गयी और तमाशा देखने लगी। घाट लगभग शान्त हो चुका था, दोपहर परवान पर थी। आसपास के शान्त माहौल में कलकल करती गंगा नदी और उनकी खिलखिलाहट सब मिलकर चारों ओर मधुर संगीत बिखेर रहे थे जिसमें कोई बोल नहीं, ये बस एक दिल को छूनेवाला अनोखा सुर था जो अनजाना सा पसरा हुआ था। इस छोर से उस छोर तक। लहरों पर मचलती फूल पर पड़ रहीं सूर्य-किरणें उसके सौन्दर्य को दमका रही थीं। मुझे अचानक रवीन्द्र की एक नायिका विजया का ख्याल हो आया जिसकी नदी में स्नान करते समय की खूबसूरती को रवीन्द्रनाथ ने भव्य ढंग से अंकित किया है।

मुझे लगा मानो फूल के रूप में साक्षात विजया रू-ब-रू खड़ी हो। मैं बस मूक हो दृश्य का नजारा करती रहीं, पता नहीं कबतक। मैं पानी में नहाती फूल को नहीं बल्कि विजया को देख रही थी और देख रही थी एक भव्य और अनोखा सौन्दर्य। गौर वर्णा फूल धारा के बीचोबीच किल्लोल कर रही थी उसका सुन्दर मुखमंडल और आधे कपड़ों में लिपटी उसकी काया सूर्य किरणों के प्रभाव से अत्यधिक मोहक हो उठा था जिससे फूल बेखबर थी। उसके लम्बे काले केश धारा के साथ होड़ ले रहे थे। अद्‌भुत छटा बिखरी हुई थी।

मेरी सहेलियों को मेरे कारण देर तक गंगा-स्नान करने की छूट मिलती थी, क्योंकि मैं गाँव की भगिनी और मेहमान थी, ऐसी अवस्था में वे मेरे ही कारण उतनी देर वहाँ टिक पाती थी। अन्यथा बस कपड़े धोकर, जल्दी से स्नान कर घर जल्दी लौट जाती थी। देर होने पर माँ की फटकार सुननी पड़ती थी। पर मेरा मन गंगा नदी से निकलने को तैयार ही नहीं होता था, जबतक कि हाथ-पैर में दर्द और ऐंठन शुरू न हो जाये।

❐

दो

यहाँ गर्मी की नीरस दोपहरी को काटने या फिर जाड़े की मीठी धूप का आनन्द लेने के लिए लड़कियों के लिए घर के काम-काज से मुक्त हो सहेलियों के साथ बैठ थोड़ा मन बहलाने के लिए दोपहर का ही समय होता था, पर साथ ही छोटे भाई-बहनों को साथ रखना, सिलाई-कढ़ाई करना भी होता था। अंधेरा होने के ठीक पहले सबको अपने-अपने घरों की चौहदी में कैद हो जाना और घर के काम में हाथ बटाना। गाँव की लड़कियों को स्कूल जाने की इजाजत नहीं थी। सिर्फ लड़के पाठशाला जाते थे। उनके हिस्से यही वक्त होता था सीने-पिरोने का भी और मनोरंजन का भी। झूला-झूलना, गीता गाना, एक-दूसरे से हँसी-मजाक करना– यही काम वे करती थीं। कोई कूदने-फाँदने का खेल वे नहीं खेल सकती थीं। बहुत हुआ तो कित-कित या गोटी खेल पाती थीं। क्योंकि यहाँ बैठने वाली ज्यादातर लड़कियाँ किशोर वय या युवावस्था को प्राप्त होती थीं। अपने-अपने छोटे भाई-बहनों को फुसलाकर एक बाँस दूर, दूसरे आम के पेड़ के नीचे बैठाकर आती थीं ताकि वे खेल सके। मैं भी नाश्ता करके उनकी महफिल में जा बैठी। सभी लड़कियाँ आराम से तरो-ताजा मूड में बैठी हुई थीं। सुबह के काम के आधा-धापी से मुक्त हो निश्चिंत होकर। आम के पेड़ की डाली से झूला यथावत लटक रहा था। कुएँ के जगत के पास टोले का पिछवाड़ा होने के कारण तथा चार-पाँच आम के घने वृक्षों के कारण माहौल काफी शीतल रहता था। उस भीषण गर्मी में भी भाई-बाप के नजरों से ओझल माँ-चाची की प्रताड़ना और टोका-टोकी से परे दोपहर का वह समय सभी लड़कियों को ठंडक,

सुकून और उन्मुक्तता का मजा देता था।

बसन्ती पेड़ के नीचे एक सोर पर बैठी-बैठी चादर पर कसीदा काढ़ रही थी। दहेज में साथ ले जाने के लिए लड़कियों से चादर, तकिया, रूमाल पर कढ़ाई करवायी जाती थी ताकी दहेज के लिए सौगात भी तैयार हो जाये और लड़कियाँ सीना-पिरोना भी सीख जायें। यह एक आवश्यक हुनर था जो खाना पकाने के साथ-साथ हर लड़की को आना चाहिए था। सो खाली वक्त में लड़कियाँ ये कार्य पूरा करती थीं। फूल हमेशा की तरह खुले बाल लहराते हुए झूले पर झूल रही थी, उसे सिलाई-कढ़ाई से कोई मतलब नहीं था, बल्कि वह अपने बाबूजी के साथ खेतों में जाना पसन्द करती थी। कुसुम उसे बार-बार झूला छोड़ने के लिए कह रही थी। सुनयना दो ईंटों को जोड़कर चूल्हा बना लकड़ी में मछलियों को टांगकर पकाये जा रही थी जो हमलोग गंगा नदी से दुपट्टे से छानकर लाये थे। मुझे देखते ही फूल ने मुझे झूले पर झूलने के लिए बुलाया। "आओ-आओ दीपा! तुम मेरे साथ झूलो, तुमको बहुत पसन्द है ना झूलना" और मैं जाकर उसके साथ झूले पर सवार हो गयी और झूला चूँकि ऊँचे पेड़ की मोटी डाली से बंधा, लटका हुआ था, जोर से पेंग मारने पर मानो आकाश को छूने लगता था। मेरे लिए ऐसा झूला रोमांच भरा होता था। मैं तो उन्हीं चीजों के लिए छुट्टियाँ बिताने गाँव जाया ही करती थी। बाद बाकी तो ऐसे ही था। बस टाइम पास शुरू हो गया। कुसुम ने तान छेड़ा–

अँगुरी में डसले बिया नगिनियाँ हो ...ननदी,

पिया के बोला ...द ...अ...अ...

(उँगली में नागिन ने डस दिया हे ऐ ननद पिया को बुला दो)

कुसुम ने तुनककर कहा तो क्या तेरा सिर गाऊ तभी फूल अपने पसन्दीदा गीत की पंक्तियाँ मुस्कुराते हुए जोर-जोर से गाने लगी ताकि आवाज दूर तक जा सके और थोड़ी दूरी पर अपने बैठका में खर्राटे भर रहे डमरू बाबा की नींद टूट जाये।

मोरा कुसुमी रे चुनरिया इतर गमके...

हो मोरा मुख दमके ...

(मेरी कुसुम रंग की चुनरिया से इत्र महक रहा है, मेरा चेहरा चमक उठा है)

कुसुम ने कहा, "क्या हमेशा एक ही तान लेकर बैठ जाती हो, इससे तो अच्छा 'तितिरिवा' वाला गीत गाती।"

पर फूल पर इसका कोई असर नहीं पड़ा। वह अपनी धुन में गाये जा रही थी– "हँसी-हँसी पनवा, खियले बेइमनवा...से...अ..प..ने ... बसे..ला ...परदेश हो विदेशिया ...जे ...अपने...बसे ...ला।"

मुझे शरारत सूझी। मैंने कहा, "सबलोग मिलकर जरा जोर से गाओ, तब ना मजा आयेगा।" इशारे से दूर दालान में खटोले पर फोंफ काट रहे डमरू नाना की तरफ इशारा करके। सबका इरादा यही था कि डमरू काका के कान में गाने की आवाज किसी तरह पहुँच जाये और वो तांडव शुरू कर दें। उनको किसी-न-किसी बहाने छेड़ना, उकसाना लड़कियों का एक शगल था। शादी-ब्याह के मौसम में तो जब बारात शादी के लिए प्रस्थान कर जाती थी तो रात के समय रतजगा के लिए रातभर एक नाटक 'डोमकच' खेला जाता था औरतों द्वारा। गीतों एवं संवादों के माध्यम से यह नाटक खेला जाता था। सिर्फ औरतें ही इसमें शामिल होती थीं जिसमें शादी से लेकर बच्चे होने तक की कहानी होती थी, औरतों को रतजगा करना पड़ता था क्योंकि सारे मर्द तो बाराती चले जाते थे। मर्द के नाम पर दो-चार अति वृद्ध गाँव में रह जाते थे। उनमें डमरू काका खास थे। ऐसे समय में लड़कियाँ मिलकर डमरू काका को सोये में चरपाई के साथ उठाकर खेत में रखकर भाग जाती थी और नींद टूटने पर डमरू काका अपने को खेत में पाते, तब उनका तांडव देखने के लायक होता था। यह अलग बात थी कि वे किसी को कभी पकड़ नहीं पाये थे। उधर घंटों डमरू काका का गाली-ग्लौज चलता रहता था। डमरू काका वैसे भी

फूल के चाचा लगते थे। अविवाहित डमरू काका को लड़कियों के गाने-बजाने, हँसी-मजाक से सख्त चिढ़ थी। ये सभी जानती थीं, पर उनका रौद्र रूप छिप कर देखने में सबको बहुत मजा भी आता था। लड़कियों ने उनका नाम 'खट-खटकक्का' दे रखा था।

देखने में ताम्रवर्ण, सर से पाँव तक सूखी लकड़ी सा अकड़ा व्यक्तित्व, जब कर्कश बोली में विष-बुझे शब्द-बाण छोड़ते हुए विषधर की तरह लहराते हुए फुँफकारते तो लड़कियों को बड़ा मजा आता था। फूल झूले पर से चिल्लाई– "अरे बुढ़ऊ नींद में फोंफ काट रहा है, वो क्या उठेगा? जरा आवाज और ऊँची करो।"

तभी पेड़ से एक पका हुआ आम टपका जिसको लूटने के चक्कर में फूल ने सीधे झूले पर से जमीन पर छलाँग लगाकर आम पर कब्जा जमा लिया है तभी उसके आम पकड़े हुए हाथ पर कई हाथ ताबड़-तोड़ पड़े, नतीजा आम की पिचटी बाहर हो गयी। तभी सुनयना ने घोषणा की "मछली पक गयी", सब अचानक उसपर टूट पड़े और जिसके जो हाथ आया उसे भक्षने लगा।

तभी मनकवा जो प्राय: शान्त ही रहती थी, काम ज्यादा और बात कम करने वाली लड़की थी, उसे साँझ ढलते देख घर का ख्याल आया, देर हो गयी तो फिर खिच-खिच भौजाइयों के ताने, थोड़ी दूरी पर दूसरे आम के पेड़ के नीचे छोटे बच्चों की महफिल जमी हुई रहती थी जिसकी देखभाल करने की जिम्मेवारी बड़ी बहनों पर रहती थी, बल्कि उन्हीं की देख-रेख का बहाना बना भाई-बाप से घर से बाहर जाने की अनुमति मिलती थी।

हमने पलट कर उनकी तरफ देखा। बच्चे खेल रहे थे, निराला खेल। छोटी बच्चियाँ दीवाली में खरीदे गये कुल्हिया-चुकिया* (मिट्टी के रंग-बिरंगे बर्तन, खिलौने) से घर-गृहस्थी बसाये हुए थी और लड़के अलग-अलग कोई बकरियाँ लड़ा रहे थे तो कोई घास

*. कुल्हिया-चुकिया = मिट्टी के रंग-बिरंगे बर्त्तन, खिलौने

छिलने और मिट्टी कोड़ने का प्रयास। सबको समेटते हुए तथा एकदम छोटे भाई-बहनों या भतीजों को गोद में उठा सब अपने-अपने घर की तरफ मुड़ गयीं।

❐

तीन

एक छोटे से शीशे के टुकड़े को कोठिल* पर चिपका कर फूल ने अपने लिए एक अलग आईना बनाकर रख छोड़ा था। मैं अभी-अभी आकर चुपके से उसके पीछे विराजमान हो उसका सजना देख रही थी। रोज की तरह गंगा स्नान के पश्चात खुले घने केशों पर कंघा फेरती अपने ही रूप पर मुग्ध हो गुनगुनाये जा रही थी–

मोरा कुसुमी रे चुनरिया इतर ...गमके
हो मेरा मुख दमके...

यह फूल का पसन्दीदा गीत था। उधर फूल की माँ की पुकार लगातार गूँज रही थी और फूल थी कि अपने ही ख्यालों में गुम हो शीशे के सामने सपनों का महल बनाने में लगी हुई थी।

"अरे आयेगी भी या नही? जब देखो तब सजते-सँवरते रहती है।" चिढ़कर जोर से फूल की माँ ने पुकारा।

– "क्यों चाची, इतना गुस्सा क्यों हो रही हो", बसन्ती ने प्रवेश करते ही कहा।

– "अरे, बेटी इस लड़की के नखरे तो देखो! दिन भर आईने के सामने ही डोलती रहती है। घर के काम-काज में तो इसका रत्ती भर भी मन नहीं लगता। मैं पक्का कहती हूँ कि ससुराल जाकर जग-हँसाई करायेगी? पता नहीं ससुराल में इसकी कैसी गुजर होगी? भगवान जाने!"

बाप की दुलारी बेटी पर माँ की डाँट का कोई असर न था। बसन्ती ने कमरे में प्रवेश करते ही नकली गुस्सा दिखाते हुए टोका,

---

* कोठिला– अनाज संग्रह करने का बड़ा सा मिट्टी का बर्तन।

"क्यों री सखी, तेरा सजना-सँवरना खत्म होगा कि नहीं।"

"हाँ, हाँ, हो गया, फूल ने क्रीम मलते हुए तपाक से जवाब दिया। उधर फूल की माँ बड़बड़ाये जा रही थी। उधर बसन्ती फूल के चेहरे को टकटकी लगाये निहारे जा रही थी। अचानक उसके मुख से बरबस ही निकल पड़ा, "फूल तेरे बाल तो एकदम रेशमी है, ऊपर से लाल-होंठ, तू तो एकदम राजकुमारी लगती है।"

"चल हट, मुझे मत बना", फूल ने शरारत से कहा, लाजो काकी चीखते हुए– "अरे, तुझे सुनायी नहीं दे रहा है क्या?" फूल ने झल्लाते हुए कमरे से ही कहा, "हाँ, हाँ, आ रही हूँ। जब देखो काम ही काम। कभी ये कर दो, कभी वो कर दो।"

"ये ले, रोटी सेंक कर रख देना। बाबू खेत पर से लौटकर आते होंगे, भूलना मत। मैं थोड़ी देर में लौट आऊँगी। आटा खतम हो गया है देखती हूँ कहीं से उधार मिल जाये।" कहते हुए लाजो काकी बड़बड़ाते हुए चल पड़ी। गाँव में तो सब चंडाल ही बसते हैं। गरीब को कौन पूछता है? कोई मरे या जिये किसी को मतलब नहीं है। देखूँ दइया (दीदी) से ही माँग लेती हूँ। बेचारी का भगवान भला करे, बात तो जरूर दो-चार सुना देती है पर दया करके दे भी देती है। चलो बीड़ी भी मिल जायेगी। जी कुलबुला रहा है। सुबह से एक बीड़ी भी नसीब नहीं पी पायी है।

उधर फूल जल्दी-जल्दी मक्के की मोटी-मोटी रोटियाँ सेकें जा रही थी, तभी फूल को मजाक सूझा। मेरी तरफ मुखातिब होकर हँसते हुए बोली, "दीपा गोइठा जैसा रोटी खायेगी। अरे तुम क्या खाओगी? शहर की लड़की।"

तभी बासन्ती ने फूल के नजदीक धीमी आवाज में अनुरोध करते हुए कहा– दोपहर में चल ना निचला टोला। दो नई कनियाई आयी हैं। गौना कराकर, और वे धनसुख बनिया का दामाद भी आया हुआ है। एकदम हीरो लगता है। फिर दीपा की छुट्टियाँ भी खत्म हो

जायेंगी। चलेगी तो वह भी घूम लेगी जरा।"

अपने टोले से बाहर निकलने का, उसी बहाने थोड़ा घूम-फिर लेने का, तथा दूसरे टोले में अवस्थित अपनी एकाध सहेलियों से मिलने का एक यही रास्ता था, लड़कियों के पास। और एक तरह से सभी टोले के लिए यह आम-रिवाज बना हुआ था। पुरुष या लड़के ही टोला से बिना इजाजत बाहर बाजार या दूसरे गाँव जा सकते थे। स्त्रियाँ या बच्चियाँ नहीं। उनको तो बस वर-वधू देखने के नाम पर या फिर झारखंडी स्थान के वार्षिक मेले में ही झुंड बनाकर साल में एकाध बार टोले की सीमा को लाँघने की इजाजत थी। यहाँ की लड़कियाँ बाकायदा डोली में बैठकर ससुराल ही जा सकती थीं। मेरे लिए ये सब अजूबा था पर मैं सबसे ज्यादा तत्पर रहती थी। इस तरह इनके साथ घूमने-फिरने के नाम पर एकबार इनके साथ 'मेला' घूमने का स्वाद चख चुकी थी। बड़ा मजा आया था। मेले में इतनी अनाप-सनाप चीजें बिक रही थीं जिनका मुझे गुमान भी नहीं था। मुझे समझ में नहीं आ रहा था कि क्या लूँ, क्या न लूँ। जबकि बाकी लड़कियाँ चूड़ी, रिबन, लाली, काजल, मिट्टी या तार के पत्ते के खिलौने और ना जाने क्या-क्या खरीदने में काफी भागा-भागी कर रही थीं। मैं सिर्फ घूम-फिर कर मेले के व्यंजनों का ही मजा ले पायी थी। मैं जब मन-ही-मन सोच रही थी कि कुसुम भी तैयार होकर आ गयी। आते ही उसने हवा में उछाला, "कल सब घूमने चल रही हो ना। अभी ना-नुक्कुर चल ही रही थी कि कहीं से झगड़े की जोर-जोर से आवाज आने लगी। हमलोग कुएँ के पास आम-वृक्ष की ठंडी छाँव में बैठने के लिए तैयार हो रहे थे पर फिर सब झगड़ा देखने के लिए चल पड़ीं।

यह गाँव किसानों का है और काफी टोलों में विभाजित भी। नानी ने कभी बताया था कि इस टोले के लोग कितने सम्पन्न हुआ करते थे पर ये बातें पुरानी हैं, वक्त के साथ टोला कई टुकड़ों में विभाजित हो गया तथा साथ ही बढ़ते अभाव ने घर-घर में कलह

की फसल उपजा दी थी। सोचते-सोचते ही हम सावित्री काकी के दरवाजे पर पहुँच गये। जहाँ आज का भीषण महाभारत चल रहा था। खेत, पैदावार, पैसा या फिर किसी और नाम पर– रोज-रोज किसी न किसी के घर लड़ाई ठनती थी। आज सावित्री काकी का दरवाजा ही सही। दरवाजे से थोड़ी दूरी बनाकर दीवाल के सहारे टोले की लगभग सभी उमरदराज एवं वृद्धा महिलाएँ खड़ी तमाशा देख रही थीं। सावित्री नानी का छोटा बेटा कमल चिल्ला-चिल्ला कर फरियाद और रोदन कर रहा था, वहाँ जमा मर्दों के सामने।– "हमको बदनाम करता है, ले, ले, वही ले ले, हम आज खुद को ही मिटा देंगे। आज किस्सा ही खत्म कर देते हैं।"

उधर कमल के बड़े भाई सुखराज खड़े सर पर हाथ रखे रोनी सूरत बनाये, अचानक बिफरने लगे–

अब बर्दाश्त नहीं होता। सात दिन से दाना-पानी बन्द किये हुए। लिहाज से मैं कभी कुछ बोलता नही हूँ। बाबूजी मर गये, अपने बच्चे की तरह पाल-पोसकर इसे बड़ा किया। पढ़ाया-लिखाया, एक साल खेती क्या कर लिया घर का मालिक ही बन बैठा। काका आप लोग देखिये इसकी शोखी अब इस कदर बढ़ गयी है कि राशन-पानी भी बन्द कर दिया है।"

अभी सुखराज अपना दुखड़ा ठीक से सुना भी नहीं पाया था कि कमल चीखने लगा– "ओ...हो...हो...हो, अरे बाप ...रे...बाप, हाँ, हम पापी हैं। ढोंगी हैं" कहते-कहते अपनी छाती पीटने लगा और फिर अचानक रेलवे लाईन की तरफ भागने का प्रयास करने लगा। गाँव से थोड़ी ही दूरी पर रेलवे-लाइन गुजरती थी, बल्कि एक छोटा सा हाल्ट भी था, डेली पसेन्जरी करने वालों के लिए। पर इस रेलवे लाइन का और इसके किनारे बसे गाँवों का गहरा सम्बन्ध है। गाँव से बाहर जाने या शहर जाने के लिए एक मात्र साधन रेल ही उपलब्ध थी। पर इस रेलवे लाइन पर कई लोगों ने गुस्से, क्षोभ या पागलपन

में जाकर ख़ुदकुशी भी की थी। यहाँ यह आम बात है कि ख़ुदकुशी करने का प्रयास या ख़ुदकुशी का इतिहास पुराना भी है और एक तरह से परम्परा भी। गाँव के लिए यह कोई नयी बात नहीं थी। लोग पहले झगड़ा लगाते फिर उसी तत्परता से सलटाते भी थे। लेकिन उस रेलवे लाइन पर जाकर आत्महत्या करने का कारण न भूखमरी थी और न कोई आर्थिक कारण। कारण दूसरे-दूसरे थे। कोई बाल विधवा थी, तो कोई कुँआरी गर्भवती या फिर अर्द्धसनकी औरत या मर्द या फिर बँटवारा। विशेषकर मर्दों की लड़ाई में निश्चित रूप से वह मर्द जिसकी स्थिति कमजोर पड़ती, वे रेलवे लाइन पर जान देने की धमकी देकर लोगों की सहानुभूति बटोरता।

बात बिगड़ती देखकर सब मर्द मिलकर कमल को पकड़कर रोकने की कोशिश करने लगे और सुखराज पर ही समझदारी से पेश आने के लिए दबाव डालने लगे। वैसे ये वही लोग थे जो कमल के मन में जहर भरते थे ताकि बँटवारा हो जाये। पर कमल चिल्ला रहा था– "नहीं ...नहीं, आज तो हम प्राण दे ही देंगे। सबको हमी से शिकायत है ना, आज हम प्राण दे ही देंगे।" कहते हुए कमल रेलवे लाइन की तरफ दौड़ पड़ा।

लोगों ने दौड़कर उसे पकड़कर काबू में किया। अन्ततः हार-पाँछकर वह वहीं जमीन पर धम्म से बैठ गया और फूट-फूटकर रोने लगा। स्थिति नियन्त्रण में देख सभी अपने-अपने घरों की तरफ मुखातिब हो गये। वैसे वहाँ का आम चलन था, जब भी मर्दों में लड़ाई ठनती तो लाठी-भाला, निश्चित चलते पर बिना किसी को चोट पहुँचाये और अन्ततः कमजोर पड़ते पक्ष का मर्द रेलवे लाइन की तरफ भागता था जान देने की धमकी के साथ और झगड़ा गाँव-घर के लोगों के बीच-बचाव करने के कारण, इसके बाद समाप्त हो जाता था।

❐

चार

इस गाँव का यह आम रिवाज था कि किसी भी परिवार में पाहुन (दामाद) के रूप में कोई भी व्यक्ति आये, उसे खिलाने-पिलाने, सुलाने या उसके मनोरंजन का सारा दायित्व ब्याहता या कुँआरी लड़कियों पर होता था और सच पूछा जाये तो चारों ओर से रीति-रिवाज और परम्पराओं की ऊँची-ऊँची दीवारों में कैद इन लड़कियों के लिए मनोरंजन का सबसे बढ़िया साधन भी यही था। मैं उनके हर काम में शरीक रहती थी और चाहती थी कि वो मुझसे वैसा ही व्यवहार रखें जैसे अन्य सहेलियों के साथ रखती हैं। वो मुझे साथ तो रखती थीं, पर मेहमान की तरह मेरा खास ख्याल भी रखती थीं। परिणामस्वरूप मुझे किसी भी काम के लिए नहीं कहा जाता था पर मैं हमेशा उनके साथ हर जगह मौजूद रहती थी। मेरे लिए सब तमाशा ही होता था, पर मनोरंजक तमाशा।

सभी लड़कियाँ सजधज कर घूमने जाने के लिए चलने को तैयार हो चुकी थीं, पर रोमांच के कारण सब मुँह से हीं...हीं...हीं... करते हुए ज्योही ड्योढ़ी से गुजरते हुए डमरू के दालान के सामने से गुजरीं, उनकी खिलखिलाहट और चह-चहाट सुनकर खटोले पर थके सोये हुए डमरू काका की आँखें खुल गयीं। फिर क्या था, लड़कियाँ हड़बड़ा कर दौड़कर भाग खड़ी हुईं और फिर भी डमरू काका चिल्ला-चिल्ला कर गाली-गलौज करने लगे। पर हमारी टोली तो आगे बढ़ चुकी थी। वैसे भी यह कोई नयी बात तो थी नहीं। काका तो ऐसे ही लड़कियों को देखकर उन्हें कोसते रहते थे और उनका हँसना-बोलना तो उनके

बर्दाश्त के बाहर की चीज थी।

खतरा पीछे छूटता देख कुसुम बोल उठी– बाप रे ... बाप इ बुढ़वा तो पागल हो चुका है। कितना जलता है, लड़कियों को देखकर।

– अरे काका की शादी नहीं हुई है ना, इसीलिए इतना खट-खट करते हैं। फूल ने हँसते हुए कहा।

– क्यों?

– पगली तुझे कुछ पता भी है, मेरी मामा ने बताया था, इनके बारे में। इनके बाप बचपन में ही मर गये थे। दोनों भाई अनाथ थे। बड़े होने तक माँ भी चल बसी। टोलेवालों ने इनकी शादी कभी होने ही नहीं दी। लड़कीवालों को भड़का दिया करते थे, झूठ-मूठ बोलकर। वो तो विध्यांचल काका ने जोर-जबरदस्ती करके बड़े भाई की शादी करवा दी नहीं तो वे भी कुँवारे ही मरते। माँ ने बतलाया था कि असली दुश्मन इनका बड़ा भाई ही था। उसी ने शादी नहीं होने दी। दो रोटी के बदले जिन्दगी भर बैल की तरह खेतों में खटवाता रहा पर उनका घर नहीं बसने दिया। फूल ने उनकी पूरी पोथी ही बॉच डाली।

– हिस्सेदार का भला कौन चाहता है? हँसकर सुनयना ने कहा।

– बेचारे की हाड़ (हड्डी) की हर्दी (हल्दी) भी नहीं छूट पायी कभी।

– क्या बोली तू, हाड़ में हर्दी लगी भी नहीं थी तो छूटने का सवाल कहाँ?

कुसुम ने चौंकते हुए टोका।

– चुप हो जा, जोर से मत बोल। तुझे पता नहीं है। एकबार इन काका ने चुपके-चुपके कहीं शादी तय की थी अपनी। छेंका भी पड़ गया था, लगन की हल्दी भी लग गयी थी पर लड़की वाले पता नहीं क्यों बिदक गये और छेंका वापस ले लिया। शायद उनके बड़े भाई ने ही लड़कीवालों को हड़का दिया था और जानती हो किसने किया था?

वही लोग, समझी न– काका ने, इसलिए न आज सजा भोग रहा है। सुनयना ने बड़ी उत्सुकता से कहा और हँसने लगी।

सुनयना ने कहानी का एक सिरा और खोल दिया था। सब मन में यही सोच रही थीं कि शायद काका इसी कारण ऐसे गुस्सैल और चिड़चिड़े हो गए हैं। डमरू काका को लड़कियों और महिलाओं से चिढ़ थी, खासकर लड़कियों के खिलखिलाने से। तभी फूल की छोटी बहन दौड़ते-हाँफते कहीं से प्रकट होकर बोली, किरण दीदी के देवर आये हैं, काकी ने मेहमान के आव-भगत के लिए सभी को बुलाया है। सभी लड़कियाँ मन-मसोसकर रह गयीं और अन्त में किरण दीदी के घर की तरफ चल दीं। दरवाजे पर ही काकी ने कहा, "अरे तुमलोग आ गयीं। चलो, अच्छा हुआ। अब तुमलोग मेहमान को प्रेम से नाश्ता-पानी कराओ, आव-भगत करो।"

कहते हुए काकी वहाँ से खिसक लीं।

रिवाज के हिसाब से पूरी महफिल जमी हुई थी। पलंग पर मेहमान मसनद के सहारे बैठे मंद-मंद मुस्करा रहे थे। लड़कियाँ पलंग के चारों ओर जमी हुई थीं। मेहमान मुस्कुराते हुए नाश्ते का इन्तजार कर रहे थे। "अरे, आपलोग इतनी दूर क्यों खड़ी हैं, पूरा पलंग तो खाली है", मेहमान ने चुटकी ली। "अरे! दीपाजी, आप कब आयीं?"

मैं चुपचाप मुस्कुराती रही। मुझे इन चीजों को देखने का बहुत शौक था। गाँव में ऐसा भी होता है, यह मेरे लिए आश्चर्य का विषय था। "खीं...खीं... नहीं, नहीं हम यहीं ठीक हैं", कहते-कहते कुसुम शर्म से लाल हो गयी।

मनकवा, देव की थाली में पूरी परोसे जा रही थी, चुपचाप। देव ने हाथ को हल्के से स्पर्श करते हुए टोका– "भाई मैं आदमी हूँ, राक्षस नहीं।"

"हुँह कैसा जवान है, छै पुड़ी खाते-खाते दम फूल गया।" कुसुम

ने छींटा कसा।

"जवानी सिर्फ खाने पर ही पहचानना चाहती हैं, आपलोग", हँसकर देव ने चुटकी ली। देव की बात सुन सुनयना और कुसुम दोनों एक-दूसरे का हाथ पकड़ खिखियाने लगीं।

– अरे, जरा जोर से हँसिये, ठहाका लगाकर। ये क्या? बिल्ली जैसी खीं-खीं किये हुए हैं"– देव ने चुटकी ली।

देव की चुटकी पर सुनयना ने हँसकर ताना मारा– वाह क्या आपके गाँव में लड़कियाँ बेशर्मों की तरह ठहाका लगाती हैं, मेहमान के सामने? क्या आपकी बहनें ऐसे ही दाँत निपोड़ कर हँसती है?"

मुसकुराकर देव ने बात को बदलते हुए कहा– कुसुम तुम कितनी सुन्दर हो। क्या इस नाचीज को पसन्द करोगी?

कुसुम शर्माकर कमरे से बाहर भाग गयी और थोड़ी देर बाद दही-चीनी का कटोरी लाकर मेहमान के सामने रख देव के सवाल का जवाब देते हुए बोली–

– ये हक आपको नहीं है। शरम नहीं आती आपको? कहकर लजीली मुस्कान बिखेर दिया उसने, जिससे देव का मन बाग-बाग हो गया। तभी सुनयना और फूल अपनी छटा बिखरते हुए, कमरे में प्रवेश करते हुए बैठने की जगह तलाशने लगीं।

क्षणभर भक् हो देव फूल के रूप को टकी-टकी लगा, देखते ही रहा जिसे देख अचानक फूल सन्नाटे में चली गयी। तभी बासन्ती ने फूल का हाथ खीचते हुए कहा, "अरे, बैठना ना फूल।" फूल शर्माते हुए एक तरफ बैठने ही जा रही थी कि अचानक देव ने उसका हाथ पकड़कर अपने पास बिठा लिया। फूल बिजली की गति से उठ खड़ी हुई और शर्मीली मुस्कान उसने बिखेर दी। मुझे लगा शायद मन से मन का रास्ता मिल गया। फूल का चेहरा हल्का आरक्त हो चला था जिससे उसका सौन्दर्य और निखर रहा था। देव ने प्रफुल्लित होकर चहकते हुए कहा– "वाह! तुम तो एकदम हिरोइन लग रही हो। चलो

बम्बई भाग चलें।"

फूल तो बस शरमाकर रह गयी पर सुनयना जो मजाक के मूड में थी बोल पड़ी– जरा संभलकर मेहमान। कहीं कोई भाई-भतीजा न सुन ले, नहीं तो आपको पहुना से टेहुना बना देगा और फूल को भी धाठी* देकर मार देगा।

– अरे बाबा इतना मत डराओ। कहीं मेरा हार्ट फेल न हो जाये। पर सच कहता हूँ सिनेमा की हीरोइन भी इसके आगे फेल है।"

– हाँ, हाँ, बड़ा हीरो बने हैं ना। कहकर फूल मुस्कुराने लगी। क्षण भर पहले के उस अहसास से वो उबर चुकी थी जिसके बारे में उसे भी शायद पता नहीं था, पर शायद प्रेम-बीज का बपन हो चुका था, बेख्याली में ही। तभी देव ने सीना ठोक कर कहा–

वो तो मैं हूँ। मैं क्या किसी हीरो से कम हूँ?"

अभी हँसी-ठठा चल ही रहा था कि देव के बड़े भाई के ससुर खाना खाने के लिए लड़कियों और औरतों को सचेत करने के लिए खँखारते हुए पहुँच गये। उनको देखकर सभी लड़कियों की सिट्टी-पिट्टी गुम हो गयी थी। देव भी शरीफ मेहमान की तरह चप्पल पहनकर बाहर दालान में चले गये। लड़कियाँ भी काम निपटा समझकर वहाँ से चुपचाप निकल पड़ी और जाकर कुएँ के पास आम के पेड़ के नीचे बैठ आपस में मशगूल हो गयी। मैं और फुलिया झूले पर सवार हो झूलने का मजा लेने लगे। तभी बसन्ती ने कहा, "दीपा, देव कितना सुन्दर और हँसमुख है ना और दिलफेंक भी। आजतक जितने दामाद इस गाँव में आये, उनमें सबसे सुन्दर और हँसमुख यही है। फूल को ऐसा दूल्हा मिल जाये तो फूल की किस्मत जग जाये।"

सब उसकी बात का मजाक बना हँसने लगीं। कुसुम चिल्ला कर बोल रही थी– "ये देखो फूल हम लोगों को चुप रहने को कह रही है" और हँसने लगी। तभी जोर का शोर सुनायी पड़ा। जैसे-तैसे उठकर

---

* धाठी– गले के नीचे और ऊपर लाठी रखकर जान लेना।

अपने-अपने भाई-बहनों को जो पास ही थोड़ी दूर पर खेल रहे थे, चलने के लिए आवाज लगा शोर का पीछा करते हुए भाग खड़ी हुई सब की सब। मैं भी उसके पीछे-पीछे चल दी। पिछले दरवाजे से सभी आँगन में प्रवेश कर गयीं। वहाँ महाभारत चल रहा था। सुन्दर सिंह गरज रहे थे, अपनी पत्नी पर, लाल-लाल आँखें तरेरते हुए, लगता था कि बहुत ज्यादा मार पड़ी थी, उनकी पत्नी को। बेचारी लस्त-पस्त दरवाजे पर लेटी कराह रही थी। सुन्दर सिंह चीख रहे थे, "अरे, इसको मैं समझा-समझा कर थक गया, पर ये जरन्त, ईर्ष्यालु कुछ भी समझने को तैयार नहीं है। आज इसका दिमाग ठंडा कर ही देंगे।"

सुन्दर की माँ भी बेटे का कसाईपना देखकर रोये जा रही थी और साथ में बेटे को शान्त करने की कोशिश भी करते जा रही थी– अरे बेटा, बच्चे नहीं हो रहे हैं तो इसमें उसका क्या दोष है, करमजली, अभागी ऊपर से ही अभाग लिखवा के आयी है तो अब क्या कर सकती है।"

ये मेरा भाग्य क्यों फोड़ रही है। इसको मैंने क्या नहीं दिया। इसके शौक-शृंगार पर पानी की तरह पैसा बहाया। इस बाँझ के लिए मैंने क्या-क्या जतन नहीं किये कि बस एक वंश दे दे। (फिर हुँकार मारते हुए) बोला– क्या इसके चलते मंगल सिंह का ज्येष्ठ पुत्र सुन्दर सिंह बे-औलाद मरेगा? आखिर, मैं दिन-रात खेत में हाड़ तोड़ता हूँ किसलिए? कि मरते समय कोई मुँह में पानी डालने वाला न रहे। कोई अर्थी को कंधा देने वाला न रहे, कोई दीया जलाने वाला न रहे। न जाने पूर्व जन्म में इसने कौन से पाप किये थे जो इस जन्म में बाँझ बन गयी (रोते हुए) पर मैं किस पाप की सजा भोग रहा हूँ" तड़प रहे थे सुन्दर सिंह।

तभी सुन्दर सिंह की चाची जो आँगन के दूसरे छोर पर तीन कमरों पर कब्जा जमाकर बैठी हुई थी, तपाक से बोल पड़ी– अरे,

बेटा निराश न हो, भगवान के घर में देर है, अन्धेर नहीं" और फिर बुदबुदाने लगी, करम जला उस जनम का चूक इस जनम में चुकाना पड़ता है।

"चाची, आप भी खूब बोलती हैं। अपना घर तो पोते-पोतियों से भरा हुआ है ना, क्यों नहीं बोलेगी? और चाची बीज ही नहीं हो तो फल कहाँ से फलेगा? अँग्रेजी डाक्टर को दिखलाया, नीम-हकीम को दिखलाया, ओझा-गुनी से झरवाया, मन्दिर-मजार, ईंट-पत्थर कहाँ-कहाँ नहीं माथा रगड़ा पर निराशा के सिवाय और क्या मिला? उम्र ढलती जा रही है पर इस पर तो कोई असर ही नहीं होता। चाची, हार-पाँच कर एक जगह चेट से पैसा खर्चा करके खुद अपने लिए एक लड़की ठीक करके आया हूँ, सुनते ही रोना-धोना शुरू कर दी।" हाय री मेरी किस्मत (और छाती पीट-पीटकर रोने लगे। रोने के साथ-साथ खुद की किस्मत को भी कोसते जा रहे थे), "जा रे! सुन्दर, तेरे किस्मत में लिखा है बेऔलाद मरना।" और अपना माथा खुद ही पीटने लगे फिर अचानक उठकर दौड़कर अपनी पत्नी को चौखट से अन्दर खींचते हुए दरवाजा बन्द कर दिया। उसके बाद काफी समय तक अन्दर से चीखने-चिल्लाने की आवाज आती रहीं। बाहर से सुन्दर सिंह की माँ, चाची तथा भौजाई सभी दरवाजा खुलवाने के लिए दरवाजा पीट-पीट कर थक चुके थे। मैंने देखा कुछ समय पश्चात अपनी मर्दानगी दिखा सुन्दर सिंह दरवाजा खोल कर बाहर निकल गया और ड्योढ़ी लाँघ बाहर दालान में चला गया। उधर उनकी पत्नी अपने फटे साड़ी-ब्लाउज की तरह कटे-फटे शरीर के दर्द को कराहते हुए आँसुओं से धोने की कोशिश कर रही थी। झगड़ा शान्त होता देख सभी सुन्दर को कोसते हुए अपनी-अपनी राह चल दीं। सुन्दर की माँ बड़बड़ाते हुए चली जा रही थी, "हे भगवान! बेचारी का कैसा भाग है, एक तो औलाद नहीं ऊपर से कसाई मर्द मिला। जालिम जब मारता है तब चमड़ी उधेड़े बिना नहीं रहता।

हे भगवान! उसकी गोद भर दे और उसे माफ कर दे। बेचारी जब से शादी करके आयी है, दुख ही भोग रही है। सच ही कहा है कि किस्मत का लिखा कौन मिटा सकता है।"

हालाँकि शाम ढलनेवाली थी, फिर भी हमलोग बौखलाये हुए आम के पेड़ के पास चले गये। सुन्दर सिंह (जो सभी के चाचा ही लगते थे, पर मेरे मामा लगते थे) से सभी लड़कियाँ चिढ़ती थीं क्योंकि उनको लड़कियों से चिढ़ थी। सब अपनी-अपनी भंड़ास निकाल रही थीं। बसन्ती ने कहा– पक्का मौगा है। कैसे औरत की तरह फफक-फफक कर रोने का नाटक कर रहा था, चंडाल कहीं का। खुद ही पापी है, अपने ही पाप की सजा भोग रहा है और दोष बेचारी उस सुधवा गाय (पत्नी) को दे रहा है।"

"कैसे मारा है, बेचारी भौजाई को। कितनी अच्छी औरत है। देखना भगवान कभी उसका भला नहीं करेगा।" मनकवा ने उदास होकर कहा,

"उसी के किये की सजा बेचारी भोग रही है। लड़कियाँ तो उसे सुहाती ही नहीं हैं। चुगलखोर कहीं का! आजतक गाँव-घर की किसी लड़की की चुगली करने से बाज नहीं आये हैं। क्या दिन-रात गाँव-घर की बहू-बेटियों पर ठीठ लगाये रहता है। कौन, कहाँ जा रही है? क्या कर रही है? कभी किसी का भला नहीं चाहा, फिर उसका भला भगवान कैसे करे? देखना न, शादी करने जा रहा है न, भगवान इसका घर बेटियों से भर देगा तब पता चलेगा।"

अच्छा छोड़ ये सब, ये तो इसका रोज का धंधा है। मौग-मल्हार कहीं का। जैसा करेगा, वैसा भरेगा, और क्या। कल धोबिया टोला चलोगी। सुबह गंगा स्नान करके जल्दी वापस आकर मेहमान को नाश्ता-पानी कराकर दोपहर में चल-चलेंगे, नहीं तो फिर दीपा की छुट्टी खत्म हो जायेगी और वो बेचारी घूम नहीं पायेगी।" फूल ने बेबाक होकर कहा।

मैं भी बहुत उत्साहित रहती थी। उनके साथ इस टोला से उस टोला घूमना, नई-नवेली दुल्हनों को देखना। उस तरह से औरत को पीटना मेरे लिए कम अचरज की बात नहीं थी। मामी की दशा देखकर मेरे रोंगटे खड़े हो गये थे। उनका कराहना हर किसी को साल रहा था। बच्चा नहीं होने के कारण औरत को इस तरह से पीटना सबको अन्दर तक झकझोर गया था। "अगर औरत बाँझ है तो उसका पति खुल्लमखुल्ला उसको मार सकता है, प्रताड़ित कर सकता है और उसे चाहे तो घर से बाहर निकाल कर फेंक सकता है या चाहे तो दया करके घर में रहने की इजाजत दे सकता है।" (फूल गरमायी हुई बके जा रही थी)।

– दूसरी शादी कर सकता है, पर अगर मर्द बाँझपन का शिकार है तो औरत सिर्फ अपने किस्मत को रो सकती है, न पति को मार सकती है न प्रताड़ित कर सकती है और न दूसरी शादी कर सकती है।" बासन्ती को यह बात पच नहीं रही थी, शायद अन्दर से उसे अपनी बड़ी बहन की चिन्ता सताने लगी थी जिसे अभीतक कोई बच्चा नहीं हो पाया था।

मेरी समझ में नहीं आ रहा था कि यह क्या कानून है। आखिर हर बात की सजा औरत ही क्यों भोगती है? क्या उसकी अपनी कोई जिन्दगी नहीं, क्या एक औलाद ही उसके जीवन की सार्थकता है, अन्यथा उसका जीवन किसी काम का नहीं। क्या बिना बच्चे के औरत का कोई अपना वजूद नहीं है? मेरे अन्दर सवालों के बौछार हो रहे थे, पर उत्तर किसी का नहीं मिल रहा था। क्या स्त्री के जीवन की सार्थकता तभी है जब उसके कोई संतान हो, सन्तान क्यों, सिर्फ एक बेटा? तभी वह जरूरी है अन्यथा बेकार। क्या उसका जीवन सिर्फ इसीलिए होता है? क्या वह इन्सान नहीं है? क्या अपना जीवन जीने का हक उसे नहीं है? नानी जब कभी यह बात बोलती थी तो मुझे हँसी आती थी, बेतुकी बात समझकर, पर यथार्थ में उसका

मतलब जान मेरी रूह काँप रही थी और इतना गुस्सा आ रहा था कि क्या बताऊँ? बस अन्दर-ही-अन्दर कुछ नहीं कर पाने की विवशता से तड़प उठी थी।

❐

पाँच

होली आने वाली थी। नानी का संवाद आ चुका था, मेरे लिए। मैं मन ही मन खुश थी क्योंकि शहर की होली बस दो-चार घंटे रंग खेलो, फिर नहा-धोकर कपड़े पहनो, पकवान खाओ और शाम में औपचारिकता में, मिलने वाले आयें तो उनके सामने पकवान और रंग की तस्तरी रख दो। अबीर का टीका लगवाओ और लगाओ। एक टुकड़ा मिठाई या ड्राई फ्रूट का मुँह में डालो और होली मुबारक या होली की शुभकामनाएँ बोलो और बात खत्म। पर गाँव की होली का मजा कुछ और था। पूरा टोला (मुहल्ला) इसमें शामिल होता, चारों तरफ अपने ही लोग रहते, रंग खेलो, सहेलियों के साथ मस्ती करो। खूब खाओ और खूब शरारत करो। सो पूरा मूड बनाये हुए मैं नानी के घर होली के नाम पर चली गयी। गाँव तो पहले से ही होली के रंग और मस्ती में डूबा हुआ था, क्योंकि गाँव में पूरा फागुन का महीना ही एक तरह से होली का महीना होता है। मुझे देखते ही नाना-नानी प्रसन्न हो गये थे कि "चलो पर्व-त्योहार के दिन कोई तो आया। बिना बाल-बच्चों के क्या होली, क्या दशहरा?"

होली की तैयारी सभी घरों में चल रही थी। सहेलियाँ भी बहुत खुश हुई थीं। दूसरे दिन होली थी सो हम सभी कैसे क्या करना है, सोच रहे थे। पर फूल झूले पर बैठी पेंग मारते हुए मन्द-मन्द फागुनी बयार का आनन्द ले रही थी। बसन्ती उससे विनती कर रही थी कि उसे भी झूले पर झूलने का चांस दे जिसका फूल पर कोई असर नहीं था।

मुझे फूल बहुत मानती थी। वजह शायद थी, मेरी पढ़ाई-लिखाई

और शहर की लड़की। फूल ही नहीं, पूरे टोले का ही मेरे प्रति व्यवहार नर्म, प्यारभरा सम्मान-पूर्वक था। गाँव की लड़कियों के जैसा व्यवहार किया जाता था, उसके विपरीत मेरे साथ व्यवहार होता था, कारण शायद मेरी पढ़ाई-लिखाई थी। मैं भी फूल के साथ झूले पर खड़ी हो गयी और पेंग मारना शुरू कर दिया और फूल ने तान छेड़ी– मोरा कुसुमी रे चुनरिया...। कुसुम दुपट्टे पर बूटा बना रही थी और सुनयना अपनी भाभी की साड़ी पर गोटा चढ़ा रही थी। तभी कमल मामा उधर से गुजरे और गुड़कते हुए बोले– हुँह! देखो, इनको कुछ काम-धाम नहीं, दिन-रात खिखियाती ही रहती हैं सब। पर जैसे ही मुझ पर नजर पड़ी, उन्होंने अपने गुस्से पर काबू करते हुए कहा– अरे, दीपा तुम कब आयी और तुन इन मूर्खों के साथ क्या कर रही हो? (उनके गुस्से से सभी परिचित थीं। एक बार तो सब ठिठक कर रह गयीं, उन्होंने पूछ ही लिया कि "तुम इन लोगों के साथ क्यों बैठकर देहाती बन रही हो। शहर में पढ़ने वाली लड़की हो। इन जाहिलों के साथ तुम क्या कर रही हो? कहते हुए आगे बढ़ गये पर मैं उनको क्या बताती कि मुझे तो अच्छा लगता था– इन लोगों के साथ छींगा-मस्ती करने में, पर मैं कुछ भी कह नहीं पायी। "जलता है और क्या? लड़कियों को तो देख ही नहीं पाता।" बसन्ती ने चिढ़ते हुए ताना मारा।

"देखना, इनकी जब शादी होगी न तब भगवान सिर्फ बेटियाँ ही देंगी। फिर मजा आयेगा।" फूल ने झूले पर से ही चिल्लाते हुए कहा।

"अपने घर में बेटी नहीं है ना, प्रपंची कहीं का", कुसुम ने धैर्य से कहा।

सब हँसने लगीं। तभी फूल की छोटी बहन रमा आकर देव के होली में आने का संदेशा देती है और साथ ही फरमान भी सुनाती है कि चाची ने सबको बुलाया है, मेहमान के स्वागत के लिए। सभी समाचार सुनकर चहक उठीं। और होली में ससुराल आने वाले मेहमान का स्वागत कैसे-कैसे किया जायेगा, इसकी उधेड़-बुन में

लग गयीं। फुलिया को घोर आश्चर्य हुआ देव के आगमन की बात सुनकर। नखरे के साथ तुनककर बोली, "और ये क्या बात हुई। किरण दीदी का दूल्हा तो आता ही नहीं और देवर महाराज हैं कि गाहे-बगाहे हर मौके पर भाभी की खैर-खैरियत लेने चले आते हैं मुँह उठाकर।"

जिसका समाधान बसन्ती ने कर दिया, यह कहकर कि "जीजा तो बम्बई में रहते हैं जल्दी-जल्दी कैसे आ सकते हैं। क्यों, आखिर भौजाई के लिए होली की सौगात ससुराल की तरफ से कोई तो लायेगा। देखना गौना के बाद कोई नहीं आयेगा।"

तभी सुनयना ने ताल ठोंक दी कि "इस बार तो मेहमान को मजा चखा कर ही दम लेंगे। मेहमान को छठी का दूध याद ना दिला दिया तो कहना। आखिर फागुन में ससुराल आने का मतलब भी तो पाहुन को पता चले।"

उधर फुलिया बहस से अलग झूले पर झूलते हुए गीत गाने लगी– अँगुरी में डसले बिया नगनिया हो, ननदी पिया के बोलाद।"

दूसरे दिन ही होली थी सो सभी खातिर-बात के लिए पहुँच गयीं। मेहमान जो शायद पिछली रात ही पहुँच गये थे। पलंग पर नहा-धोकर विराजमान थे। मन्द मुस्कान चेहरे पर लिये मानो प्रतीक्षा ही कर रहे थे। मेहमान ने हम सबका बड़े गर्मजोशी के साथ स्वागत किया। खासकर फूल पर नजर पड़ते ही बोल पड़े– "अरे, आप कहाँ रह गयी थीं। आप ही के लिए तो आया हूँ, बाकी सब तो बहाना है।" बाकी लड़कियाँ खुसुर-फुसुर कर आपस में ही इशारे से हँसते हुए एक-दूसरे को कुछ समझाने की कोशिश कर रही थीं। तभी बसन्ती पानी का ग्लास लेकर मेहमान के पीछे से जाकर एक हाथ से गिलास रखती है और दूसरे हाथ से मुट्ठी में दबाये रंग को देव के सर पर सूखा रंग डाल वहाँ से खिसक गयी। देव ने सर को सहलाते हुए कहा, "क्या

बात है, बसन्ती बड़ा छिटकी चल रही है।"

– हूँ, तो क्या आपके सर पर बैठू? बसन्ती ने तुनक का कहा।

– आइये-आइये सर क्या मैं तो पलक-पाँवड़े बिछाये हुए बैठा हूँ। कहते-कहते ग्लास का पानी बसन्ती पर फेंक दिया।

– हम पानी फेंके तो मजा ही आ जायेगा।" बसन्ती ने तुनककर कहा।

– अरे भाई कौन कमबख्त आपको मना कर रहा है। बन्दा हाजिर है, हुजूर!"

तभी फूल ने मौका देखकर देव के सर पर पानी डाल दिया। देव उछलकर पलंग पर से उतर गये और 'अच्छा यह बात है' बालों से रंगीन पानी हरा-लाल देव के कपड़ों पर फैल गया। देव का यह हाल देख सभी खिलखिला पड़ी थीं (होली है पाहुन)। उधर देव 'छोड़ूँगा नहीं' की मुद्रा में रंग पोछते हुए बाहर निकल तपाक से फूल का हाथ पकड़ मुस्कुराने लगे। घात में खड़ी सुनयना बाल्टी से ढेर सारा गोबर देव पर उछाल कर भाग गयी। इस अप्रत्याशित हमले से जबतक देव सम्भलता तबतक फूल हाथ छुड़ा भाग गयी। देव थोड़ा हिचकते हैं, इधर-उधर देख, "आज तो मैं बदला लेकर रहूँगा," कहते हुए लड़कियों के पीछे दौड़ पड़े। देव के बड़े भाई की सास, दोनों चचिया सास और सामने के घर की खिड़की से सुखराज मामा की नयी-नवेली दुसरी पत्नी सब तमाशा देख खुश हो रही थी कि मेहमान का खूब स्वागत हो रहा है। उधर बसन्ती, कुसुम, मनकवा– सभी छिप-छिपकर अचानक हमला देव पर बोल, कभी कीचड़, कभी गोबर, कभी रंग, जिसको जो मिल रहा था, देव पर उड़ेले जा रही थीं। तभी फूल को देव ने पकड़ लिया। फूल को मुक्त करने के लिए सभी लड़कियाँ एक साथ देव पर टूट पड़ीं। इधर फूल कसमसा रही थी और हाथ छोड़ने का अनुरोध भी करती है। उसे डर था कि कहीं कोई देख न ले।

"अब बोलो"– देव ने चुटकी लेते हुए कहा।

"थामना है तो मर्द की तरह थामो – फूल ने धीरे से पर व्यंग से कहा।

"हाँ जी हाँ, मैं मर्द का बच्चा हूँ। तुम कहो तो सबके सामने से ले जाऊँगा।" तभी फिर एकजुट होकर लड़कियों ने देव पर कीचड़, पानी से हल्ला बोल दिया और फूल को मुक्त करा लिया। इसी बीच सुन्दर मामा ने सामने से गुजरते हुए छींटा कस दिया– "क्या मेहमान, क्या भूत बने घूम रहे हैं", इससे ज्यादा वो बोल नहीं सकते थे, मेहमान को क्या बोलना और आगे बढ़ गये।

उनके जाने के पश्चात अगल-बगल की बहुएँ खिड़की से जो तमाशा देख रही थीं, तथा नानी लोग जो अपने-अपने दरवाजे पर बैठीं तमाशे का लुत्फ उठा रही थीं, सब मिलकर मेहमान को ललकारने लगीं– "का पाहुन होली में ससुराल आये हैं तो मजा लीजिए, साली-सरहज के साथ होली खेलने का। माई-बाप क्या खिलाकर बड़ा किये हैं? जो लड़कियों से हार गये!"

उसके बाद तो मानो देव को हरी झंडी मिल गयी हो, बस दौड़ पड़े लड़कियों के पीछे, तभी सुखराज मामा की पत्नी ने खिड़की से उन पर गीला बेसन फेंकते हुए कहा कि "जाइए-जाइए असल के होंगे तो साली लोगों को आज मजा चखा कर दम लेंगे।" देव खिसियानी बिल्ली की तरह नाली के पास खड़े होकर साली लोगों को ललकारते रहे तभी इसी बीच गाँव के लड़कों की टोली ढोल-ताशा पीटते हुए रंगों से सराबोर हो उधर से गुजरी, पता नहीं कब लड़कियाँ अपने-अपने चार-पाँच छोटे भाइयों को साथ लेकर देव पर झपट्टा मारकर उसे गिराने की कोशिश में सब मिलकर देव को एक तरह से टाँग कर नाली में गिराकर कीचड़ में डुबोने का प्रयास करने लगीं तभी सुन्दर मामा फिर उधर से गुजरे, उनको देखते ही सारी लड़कियाँ इधर-उधर जाकर छिप गयीं और उनके भाई लोग भी भागने में सफल हो गये।

मैं मूक हो गाँव की उस धमाल होली को एक दर्शक की तरह देख रही थी। मैं निश्चिंत थी कि मेरे ऊपर कोई कीचड़ तो डालेगा नहीं क्योंकि शहर में पढ़ने वाली लड़की भला उतनी गन्दी होली थोड़े न खेलेगी। सो तमाशा देखने की पूरी छूट थी मुझे और रंग या अबीर छोड़कर कुछ भी नहीं कोई लगा रहा था। ऊपर से नाना ने सबको चेता रखा था कि मुझ पर कोई गोबर-कीचड़ नहीं डालेगा। वह शहर की पढ़ी-लिखी लड़की है, जाहिलों वाला होली नहीं खेलती।

×××

दोपहर के तीन बजे होंगे। सभी तरफ सन्नाटा पसरा हुआ था। सबलोग नहा-धोकर, खा-पीकर थोड़ा सुस्ताने में लगे हुए थे। होली के नाम पर कीचड़-पानी का खेल खत्म हो चुका था। उसके पश्चात गीले रंगों की होली भी समाप्त हो चुकी थी। शाम में सिर्फ गुलाल लगाने-लगवाने की प्रथा शेष थी। लड़कियों की टोली नये वस्त्र धारणकर कुएँ की जगत के पास पेड़ों की ठंडी छाँव के नीचे जुगाली करने के लिए जम गयी। सब चहक रहीं थीं। नये कपड़े, मीठे पकवान, ऊपर से देव जैसा मेहमान; माहौल को और खुशनुमा बना रहे थे।

देव को आये हुए तीसरा दिन हो चला था। सच पूछा जाये तो सबके दिलों की धड़कन एक ही कहानी दुहरा रही थी, बसन्ती, फूल, मनकवा, कुसुम, सुनयना– सभी एक ही ताल पर थिरक रही थीं, फूल की हरकत अजीब हो रही थी। आजकल वो कुछ ज्यादा चहक रही थी। इस बात को भी सभी महसूस कर रहे थे। बात चल रही थी कि यह कैसा मेहमान है? सब मेहमान आते हैं– एक या दो दिन रहकर खातिर-बात करवा, हँसी-मजाक कर प्रस्थान कर जाते हैं, पर यह निराला मेहमान हँसना-हँसाना तो कोई इससे सीखे। काम की बात तो वो कभी करता ही न था, ना ही उसे घर लौटने की जल्दी थी। ऐसे रह रहा था मानो उसका अपना ही घर-द्वार हो। वह एकदम जुदा मेहमान था, वह औरों की तरह धीर-पुर नहीं था

जिसे खिला-पिलाकर छुट्टी पायी जा सकती थी। दालान के सामने से जो भी लड़की गुजरती, टोका-टोकी करने से बाज नहीं आता। अब भला मेहमान को कोई क्या बोले? वैसे भी इस गाँव में मेहमान को, भगीना-भगीनी को देवता की तरह पूजा जाता था। उनको टोकने का तो सवाल ही नहीं उठता। कुसुम बोली कि "चलो भाई काकी नाराज हो जायेगी। शाम के नाश्ते का समय हो गया है।"

×××

मेहमान खाट पर आराम से बैठ नाश्ते का इन्तजार कर रहे थे। सभी को उपस्थित देख चहक उठे– "आइये-आइये, इन्तजार करते-करते आँखें पथरा गयीं, अभी तो गुलाल बाकी ही है।"

सभी मेहमान की चापलूसी सुन खिलखिला उठीं। सभी पर एक नजर फेरते हुए, "बगिया में फूल नहीं दिख रहा है", तभी गुलाबी रंग का सलवार-कुर्ता पहने दुपट्टा सम्भालती आँखों में पतली काजल की शरारती रेखा खींचे माथे पर गुलाबी बिंदी लगाये मुस्कुराते हुए फूल ने प्रवेश किया। तिरछी नजर से बैठने की जगह तलाश रही फूल की नजरे बसन्ती से टकरा गयीं और वह अस्त-व्यस्त हो गयी। स्थिति को भाँप मेहमान ने बढ़कर फूल के हाथ से पानी का गिलास ऐसे झटके से खींचा कि वह हड़बड़ा कर लड़खड़ा गयी और पलंग पर मेहमान के सामने औंधे मुँह गिर पड़ी। मेहमान ने सम्भालने के नाम पर उसका हाथ पकड़ उठा कर बैठाने की कोशिश की। पर वह बड़ी फुर्ती से हाथ छुड़ा अपने को संभालते हुए छिटक कर दूर जाकर खड़ी हो गयी पर अपने अन्तस में उफान मार रही भावनाओं को पचा नहीं पा रही थी। सिर्फ इतना ही बोल पायी, "यह हाथ पकड़ना बड़ा महँगा पड़ेगा पाहुन।" कहते हुए वह कमरे से बाहर चली गयी। अभी मेहमान चप्पल पहन ही रहे थे, बाहर निकलने के लिए कि अचानक सारी लड़कियाँ मुड़ीं और मुट्ठी में जो अबीर दबाये हुए थीं, सब-का-सब मेहमान पर उड़ेल डाला। सफेद पैजामा-कुर्ता पहने हुए मेहमान

अचानक लाल, पीले, हरे, नीले रंगों से रंग गये। मेहमान संभले, इसके पहले ही सारी लड़कियाँ ठहाका लगाती हुई भाग खड़ी हुईं।

×××

हमलोग गंगा स्नान करके आ चुके थे। मैंने तो नाश्ता किया और चल पड़ी, फूल के घर। यहाँ आने का मतलब ही था सुबह से शाम तक अपनी सहेलियों के साथ समय बिताना। सिर्फ नाश्ता, खाना करने ही घर जा पाती थी और सिर्फ शाम ढले ही मैं घर में जा पाती थी जिसके कारण नानी की शिकायत भी सुननी पड़ती थी कि "आती है मेरे से मिलने कि अपनी सखियों के लिए आती है? वैसे भी इस बुढ़िया में क्या रखा है जो मेरे पास बैठेगी", जिसका मेरे ऊपर कोई खास असर नहीं होता था, कारण नानी का गुस्सा क्षणभर के बाद ही प्यार में बदल जाता था। एक बार कह दो कि "ठीक है फिर मैं कल ही लौट जाऊँगी।" नानी तुरन्त पलटकर निहोरा करने लगती थी कि मत जा और रोने लगती थी। फूल रोमांचित हो अपने शीशे के सामने खड़े हो, अपने को गौर से निहारती हुई कंघी किये जा रही थी, पर उसके चेहरे के भाव से और मन्द मुस्कान से मुझे ऐसा लग रहा था कि वह शीशे में अपना नहीं, कुछ और ही देख रही थी या फिर हो सकता है प्यार की लाली चेहरे पर छाने के बाद अपना ही नया चेहरा वो देख रही थी। फूल ने मुझे देखा नहीं था, क्योंकि मैं चुपके से जाकर एक कोने में बैठ गयी थी। वह ख्यालों में खोयी बड़बड़ाये जा रही थी। कुछ अस्पष्ट सा। उसे टोका, "क्या बड़बड़ा रही हो? जरा मैं भी तो सुनूँ। मैंने पूछ दिया कि गंगा स्नान करने कब चलोगी।" फुलिया ने कुछ सोचते हुए कहा कि "वह अपनी बहन के साथ थोड़ा जल्दी जायेगी क्योंकि बहुत कपड़े धोने हैं।" मैं उठकर घर चली गयी, ताकि नाश्ता करके तैयार रहूँ गंगा स्नान के लिए। पीछे से फूल की आवाज आ रही थी– "माँ आज सोचती हूँ सारे कपड़े धो डालूँ। रंग के कपड़े हैं, बहुत समय लगेगा। मैं रामा को लेकर चली जाऊँगी। मेरी सहेलियाँ

आयें तो कह देना कि वो आ-जायें पीछे से।"

"बड़ी सयानी हो गयी है फूल, क्या बात है", फुलिया की माँ ने प्यार जताते हुए कहा।

×××

दूसरे दिन हमारी टोली जब गंगा-घाट पर पहुँची तब घाट लगभग खाली हो चुके थे। पूजा-पाठ करने वाले लोग तो भोर से ही स्नान करने के लिए आने लगते हैं। देर से बच्चे और जवान ही आते थे। फुलिया कपड़े धोते हुए गुनगुनाये जा रही थी। रमा कपड़े पानी में खंगाल रेत पर सूखने के लिए डालती जा रही थी। देव और देव की टोली पानी में खेल रहे थे। हम लोग भी जाकर पानी किनारे बैठ गये, थोड़ा सुस्ताने के लिए। देव पानी में तैरते-तैरते जान-बूझकर फुलिया के सामने से गुजरते हुए कभी आँख से इशारा करते और कभी मुस्कान बिखरते। यह देखकर कल फूल आईने के सामने क्या बड़बड़ा रही थी, अब समझ में आ रहा था। बसन्ती स्थिति को भाँप तो लेती है पर पचा नहीं पाती। फूट पड़ती है "अच्छा तो फूल आजकल बहुत काम करने लगी है। हाय रे बेचारी!" फूल आँखें तरेरकर प्रतिकार करती है।

अकेले होने के कारण फूल अभी तक लगभग चुपचाप कपड़े धो रही थी। पर टोली के पहुँच जाने पर वह बुलन्द हो उठी और सखियों के संग पानी में कूद पड़ी। थोड़ी ही दुर पर मर्दों का घाट था, जहाँ देव की टोली किल्लोल कर रही थी। तैराकी में फूल का कोई जोड़ नहीं था। पूरी नदी ही पार कर जाती थी। इस पार से उस पार जाने वाली सिर्फ वही एक लड़की थी। वह सबको ललकारती है कि, "चलो उस पार चलें" पर कोई हिम्मत नहीं कर पाया और वह आगे बढ़ गयी तैरते हुए। उसे बीच धारा की तरफ जाते देख देव भी अपनी टोली को छोड़ बीच धारा की तरफ बढ़ गया। घाट लगभग खाली हो चले थे। दो-चार वृद्धाएँ ही बची हुई थीं जो नाती-पोतों के पोतड़े धोने के

लिए देर से घाट पर पहुँची थीं। वे अवाक् हो इस धमा-चौकड़ी को देख बड़बड़ाती जा रही थीं, "क्या जमाना आ गया है। आजकल की छोरियों को तो शरम-हया नाम की कोई चीज ही नहीं बची है।" बड़बड़ाते हुए वो वृद्धा कपड़े का गट्ठर और हाथ में लोटे में गंगाजल लिए जमाने को कोसते हुए घर की तरफ लौट पड़ी।"

उसके जाते ही मैदान साफ। अब क्या धमा-चौकड़ी परवान चढ़ गयी। उधर फूल तैरते हुए काफी दूर निकल गयी इधर देव भी तैरते हुए मध्य नदी के पास पहुँच गया। तभी उसकी तरफ बढ़ते हुए फूल चिल्लायी, "अरे, मेहमान उधर भँवर है, रुक जाइये।"

देव ने उसे मजाक समझा और तैरते हुए फूल के करीब जा बोला, "डरती क्यों हो? आओ चले दोनों भँवर में डूब जाये।"

फूल पर कोई प्रतिक्रिया ना होते देख, देव को शरारत सूझी और वह थोड़ा आगे बढ़कर डूबने-उतराने का स्वाँग भरने लगा। उसे डूबते देख फूल हकबका गयी। उसकी टोली भी किनारे पर थी, वह दुनिया की चिन्ता छोड़ देव की तरफ बड़ी मासूमियत से अपने दुपट्टे का एक सिरा फेंकते हुए उसे पकड़ने का आग्रह किया। देव भी दो-चार डुबकी लगाने के पश्चात फूल का दुपट्टा पकड़ते हुए फूल के पास आ गया। नजदीक आने पर देव ने जोर से कहा– "हमारी जोड़ी खूब जमेगी"– "धत" कहते हुए फूल शर्म से लाल हो गयी और शर्माकर मुस्कुराते हुए दूसरी दिशा में तैरने लग गयी।

सभी थककर चूर थे। सब सुस्त चाल से घर की तरफ मुड़े। पर फूल की चाल मन्द होते हुए भी उसका अन्तस दोलापात्ती खेल रहा था। अन्तस में प्रेम-गंगा की धारा प्रवाहित होने लगी थी और वो उसमें गोते लगाये खामोशी से चल रही थी। उसके चेहरे की आभा देखने लायक थी। मुझे भी नहीं पता था कि प्रेम का रंग इतना निराला होता है सो मैं भी फूल के उस प्रकाश-मान चेहरे को बार-बार गौर से देखे जा रही थी। सभी के मन में उत्साह था। फूल ने हमेशा की तरह

तान छेड़ी– मन का चोर छुपाते हुए–

हमरी अरजइया इक मानऽत तोहरा से राजी होइबो बलमू
चँदवा के टिकुली, तरेगना के चोटिया, बदरी के चदरी ओढ़ाऽद
तऽतोहरा से राजी होइबा बलमू। ...

(हमारी एक अर्ज मान लो तो तुमसे मैं राजी हूँ बलम। चाँद की बिन्दी, तारों की चोटी, बादलों की चादर बनाकर ओढ़ा दो तो तुमसे राजी हूँ बलम)

❑

छः

पहले तो सभी ने इस मेहमान को वैसे ही स्वीकारा जैसे अन्य मेहमानों को स्वीकारा जाता है। जो मुश्किल से एक-दो या तीन दिनों के लिए आते और कुछ हँस-हँसाकर चले जाते। पर इस मेहमान के साथ ऐसा न हो सका। यह मेहमान कई दिनों तक मेहमानी कराता रहा, हँसता रहा– हँसाता रहा। परम्परागत रिवाज के अनुसार फूल, बसन्ती, मनकवा, सुनयना, सीमा तथा अन्य छोटी-छोटी लड़कियाँ सुबह नास्ता, दोपहर का खाना, फिर शाम का नाश्ता आदि कराने के बहाने मेहमान के पास जमी रहतीं। इन सारी बैठकों में एक फूल ही थी जो लगातार उपस्थित रही जो उसके स्वभाव के खिलाफ था।

मेहमान एक दिन के लिए आया हो या चार दिन के लिए। सुन्दर हो या असुन्दर, सभी की खातिरदारी उसी तत्परता के साथ होती थी। अन्तर इतना ही होता था कि सुन्दर और हँसमुख मेहमान के आगे जमघट ज्यादा देर तक टिकता और चिड़चिड़े, गम्भीर या बद्सूरत मेहमान के साथ बैठने का आयोजन जल्दी ही समाप्त हो जाता। पर यह मेहमान सभी के मनलायक था। सामने से जो भी लड़कियाँ गुजरतीं, बिना टोके बाज नहीं आता। लड़कियाँ भी इसका बुरा नहीं मानती थी। किसी के देख लिए जाने पर भी इस डर से बुरा नहीं मानती कि मेहमान नाराज हो जाएँगे। चुपके से दबी मुस्कान फेंककर गुजर जातीं। पर इस हँसी-मजाक की प्रतिक्रिया सबसे अधिक फूल पर हुई। उसकी आँखों में हर वक्त एक अजीब उतार-चढ़ाव का भाव रहता। चेहरे पर एक चमकता हुआ अव्यक्त सा सौन्दर्य झलकने लगा था। इसे सबसे पहले मनकवा ने देखा, समझा और मनकवा से

फिर बसन्ती ने जाना। फिर धीरे-धीरे सभी लड़कियों के कान तक बात पहुँच गयी। पर फूल की मन: स्थिति दोलायमान थी। उसमें स्थिरता न थी, वह अपने ख्यालों की दुनिया में रमी रही।

दूसरों को सूँघने की शक्ति फूल से अधिक मनकवा में थी। मनकवा ने जान लिया था– फूल की चोरी को। वैसे भी फूल की कोई बात उससे छिपी हुई नहीं थी। पर इस बार मनकवा ने खुद ही सूँघ लिया था। रोज की तरह उस दिन पहले से न आ पायी थी, इसलिए महफिल जम नहीं पा रही थी। तभी फूल आयी, हल्के सफेद रंग की लाल कोरदार साड़ी पहने हुए। सभी की तरह वह भी थोड़ा सँवर कर ही आयी थी। माथे पर छोटी गोल चमकदार बिन्दी, आँखों में बहुत पतली काजल रेखा। हालाँकि सभी का साज-सिंगार एक जैसा ही था, क्योंकि कुँआरी लड़कियों को ज्यादा सजना-सँवरना मना था। शादी के पश्चात ही गहने-जेवर और साज-सिंगार करने को मिल पाता था। उनकी मर्यादा निर्धारित थी। सभी नहा-धोकर साफ कपड़ों में और चोटी-पाटी करके आयी थीं। फिर भी मनकवा को फूल में कुछ अलग से दिखायी पड़ा जिसे मनकवा के साथ-साथ फूल ने भी महसूस किया। पर सभी ने जान-बूझकर नजर-अन्दाज कर दिया। फूल की नजर घूमकर मनकवा के सामने एक क्षण को ठिठकी। फिर वह अपने को संयत करने लगी। तभी मेहमान ने हाथ खींचकर खाट पर बैठा लिया और फूल सम्भालते-सम्भालते भी खाट पर औंधे मुँह गिर गयी। इस पर फूल न गुस्सा हो सकी न शान्त रही, पर अस्त-व्यस्त जरूर हो गयी। मनकवा की आँखें इतनी अधिक फैलीं कि विस्तार न पाकर दर्द करने लगी थी। जब जाकर मनकवा को होश आया और उसने सुना, फुलिया कह रही थी, “यह बैठाना बड़ा महँगा पड़ेगा, मुझे बैठने में कोई आपत्ति नहीं” और वह मुस्कुरा दी। फूल का चेहरा आरक्त हो रहा था। फूल को भी समझ में नहीं आया पर वह हकबकायी हुई सी थी।

दूसरे दिन मनकवा ने अपनी सहेलियों के साथ अनयास एक गुप्त समझौता किया। शाम को नाश्ता और पानी लेकर जैसे ही फूल ने प्रवेश किया, जबतक वह नास्ते की थाली मेहमान को पकड़ाती और पानी का लोटा संभालकर रखती, इसी बीच सभी लड़कियाँ कमरे से बाहर हो गयीं और हर बार दूसरों को मजाक में बन्द करने वाली फूल उस दिन खुद ही उस कमरे में बन्द हो गयी। तब जाकर उसकी आँखें खुलीं। उसे जितना भीतर का डर नहीं था, उतना बाहर का था। पर उसके मुँह से एक शब्द न निकल सका। पर हँसोड़ मेहमान को उस समय भी कोई परेशानी महसूस नहीं हुई। मेहमान ने बड़े सहज मन से कहा, "दरवाजा खुलवाने की कोशिश मत करना, नहीं तो कोई नहीं खोलेगा। लेकिन तुम घबराओ नहीं। जबतक दरवाजा न खुले तबतक हम दोनों का दोस्ती का रिश्ता मान लो" और सचमुच मेहमान की बुद्धि काम आयी। दो-तीन मिनाटों में ही दरवाजा खुल गया और सारी की सारी लड़कियाँ खिलखिलाती हुई अन्दर आ गयीं, पर फूल गुस्से के कारण बिना किसी से एक शब्द बोले चुपचाप चली गयी। यह सब कुछ मजाक में हुआ था।

जिन लड़कियों ने उस घटना को पहले मजाक में लिया था, उन्हें भी नहीं पता था कि आगे चलकर मामला इतना गम्भीर हो जायेगा। धीरे-धीरे फूल का आचरण गाँव में सबको खटकने लगा, पर फूल ने बाद में अपने को पूर्णत: भयमुक्त कर लिया। उसकी लापरवाही दिनों-दिन बढ़ती गयी। धीरे-धीरे फूल मेहमान के करीब और घर से दूर होती गयी।

×××

गाँव के शान्त माहौल में कभी-कभी उल्टी हवाएँ भी चलती थीं और वे जिसे अपने गिरफ्त में ले लेती थी, उसे दीन-दुनिया से काट देती थी।

इसी तरह की हवा फूल को भी लग गयी थी। पर उसे पता नहीं

चल पाया। फूल की जिन्दगी ने इसी दौरान चैन की गिन्नी-चुन्नी साँसें भी ली थीं, दामन, खुशियों से भरा भी था और मनपंछी के पंख भी लगे और ऐसा होता क्यों नहीं? जिन्दगी ने उसे मोहब्बत के तोहफे से जो नवाजा था।

मेहमान यानी देवता चले गये, फूल के जीवन में सात-रंग बिखेर कर। फूल को न जाने देव ने क्या-क्या सपने दिखाये थे, भगवान ही जानता होगा। इधर फूल दिन-रात सपनों में खोयी रहने लगी थी, पर साथ ही फूल का प्यार, गाँव वालों की नजर में भी आ गया था। जंगल की आग की तरह यह खबर गाँव में फैल गयी।

फूल के प्यार को अपनों की ही नजर लग गयी। गाँव में जैसे एक प्रबल बवंडर आ गया था जो प्यार के आशियाने को देखते-ही-देखते उड़ा ले गया और फूल हमेशा-हमेशा के लिए बेछाँह हो गयी। उस तूफान में बहुत सारे शब्द लाँछन बनकर फूल की बेदाग जिन्दगी को बुरी तरह से जख्मी कर गये थे जिससे वह कभी उबर न सकी।

फूल के दामन में सबसे पहला चीरा लगानेवाली उस गाँव की राना विधावाली नानी थीं, जिनको पता नहीं दूसरे की बहू-बेटियों को बदनाम करने में ही मन को शान्ति मिलती थी, फिर क्या था? बात सुन्दर सिंह के कान में पड़ गयी। अपनी मौगाई के लिए वह पूरे गाँव में मशहूर था। लड़कियों और औरतों की गतिविधियों पर उसकी कड़ी नजर रहती थी। शायद इसी कारण भीतर-ही-भीतर उसे सभी नापसन्द करती थीं, पर रिश्ते और गाँव का लिहाज कर कोई कुछ बोल नहीं पाता था। सुन्दर सिंह की बात को पुष्ट करने का काम रानी और मालती के बाप ने किया जिसने खुद तीन-तीन शादियाँ कर रखी थीं। जो अपनी घटियागिरी एवं दबंगई के लिए पूरे गाँव में मशहूर था। पर रानी और मालती के कांड भी कम न थे जिसको लेकर जंगबहादुर पर लोग थूकते थे पर सामने नहीं, पीछे में।

फूल के सपनों का महल चकनाचूर हो गया और वो देखती रह

गयी। उसका चमकता-दमकता चेहरा बेरंग नजर आने लगा। एक अजीब बेवसी में वह दिन काटने लगी थी। ना कुछ कह पाती, ना ही कुछ समझ पाती थी। मेरी समझ में नहीं आता था कि उसे क्या सांत्वना दूँ। न जाने ऐसे कितनों वाकयों को मैं जानती थी जिनका अंजाम अन्ततः यही होता था। मेरी समझ में यह नहीं आता था कि 'प्यार' करने वालों को एक ही किस्म की सजा क्यों मिलती है। किसी भी तबके की, किसी भी बिरादरी की लड़की क्यों न हो, प्यार करने की बस एक ही सजा होती थी कि जल्दी से जल्दी उसकी डोली उठाकर उस प्यार की कहानी का जल्दी से जल्दी 'दि एंड' करा दो। फूल के साथ भी यही हुआ। फूल की सहेलियाँ खूब बकझक करती रहीं कि आखिर फूल पर ही यह वज्र क्यों गिराया गया? क्योंकि उसका घर कमजोर है। गरीब है और अगर ऐसा नहीं है तब फिर मालती और रानी के किस्से को क्यों लोग चुपचाप बर्दास्त कर गये?

फूल की दशा देखकर पिता का दिल भर आया था। उनके मन में यह ख्याल भी आया कि क्यों न एकबार देव के घरवालों से बात करके देख लिया जाये, जैसाकि देव ने आश्वस्त किया था कि वो घरवालों को किसी भी तरह मना लेगा। पर गाँव-घर वालों ने इसकी स्वीकृति नहीं दी। प्रेम-विवाह की स्वीकृति, वह भी बड़ी जात में, असंभव! सुनते है कि पहले तो ऐसा होने पर सीधे धाठी देकर मार दिया जाता था लड़कियों को। पर अब कानून के डर से जान नहीं ली जाती, अलबता आनन-फानन में परम्परा और रीति-रिवाज के नाम पर जल्द से जल्द डोली उठवा दी जाती।

बिरादरी वालों के दबाव में आकर फूल के पिता भी विवश हो गये और लोक-लाज के नाम पर कुर्बान कर दिया बेटी को। आर्थिक तंगी झेल रहे परिवार के पास बदनामी से बचने के लिए और कोई विकल्प नहीं रह गया था। नतीजा अपने से भी ज्यादा गरीब परिवार के कुरूप और बेकार लड़के से फूल की शादी तय कर दी। उसकी

डोली उठवा कर अपना धर्म पूर्ण कर डाला। पर बिरादरी के खौफ से कुछ नहीं कर पाये। एक दिन में ही बिरादरी का रवैया बदल गया था। वही मेहमान अब लूच्चा, लफंगा और बदमाश हो गया था, जिसकी कलतक सब सराहना करते रहते थे। उसके नामी खानदान का बखान करते थकते नहीं थे।

मुझे आज भी फूल का वह चेहरा याद है, कितनी तड़प, कितना दर्द, अवशता, विवशता न जाने क्या-क्या उसके चेहरे से फूट रहे थे, उन दिनों। चेहरा मुर्दे सा जर्द सफेद और स्याह हो गया था। सख्ती से भींचे उसके लरजते होंठ और स्तब्ध आँखें मूक चीत्कार कर रही थीं। मैंने समझाने की कोशिश की थी पर मेरे अल्फाज मानो उसके सर के ऊपर से गुजर रहे थे। वह पत्थर की तरह सख्त और खामोश हो गयी थी, मानो पाला मार गया हो। फूल ने बाप की पगड़ी को बचाने के लिए अपनी शहादत दे डाली थी और फूल सदा के लिए मुस्कुराना भी भूल गयी। हमेशा खुश रहने वाली चंचल-शोख फूल का काया-कल्प हो गया।

शादी के समय चलन के हिसाब से फूल ने तो लड़के की शक्ल नहीं देखी, वजह थी एक तो शादी के पहले दूल्हे का चेहरा लड़की नहीं देख पाती थी, कारण घूँघट में शादी सम्पन्न होती थी। रही चोरी से दूल्हे को देखने की बात तो उस जर्द शरीर और मन में उसकी चाहत कहाँ? सिन्दूर-दान के पश्चात ही, यानी सुबह ही वह दूल्हे का मुख देख सकती थी, पर दूल्हे को छिपकर देखने के लिए फूल की सहेलियाँ कहती रह गयीं पर फूल टस-से-मस नहीं हुई, यूँ जड़वत बैठी रही। पर सभी लड़कियाँ दूल्हे की शक्ल को देखकर गहरी उदासी और सन्नाटे में थीं। मानो उनके सामने उनके सपनों का महल चूर-चूर हो गया हो और फूल विदा हो गयी। या कहिए कि गाँव की झूठी-मान-मर्यादा की बलि चढ़ गयी। घरवालों ने अपनी नाक बचाने के लिए शादी के नाम पर उसकी जिन्दगी को अन्धेरी गलियों में धकेल दिया और फूल

सदा-सर्वदा के लिए खो गयी।

फूल तो विदा हो गयी थी। मेरा मन दुखी हो उचट चुका था। मेरी सारी सहेलियाँ दुखी थीं, उनकी समझ में नहीं आ रहा था कि फूल का उस 'वन-मानुष' (देखनेवाली स्त्रियों ने मड़वा पर ही उसकी शक्लों-सूरत को देखकर उसे 'वन-मानुष' की उपाधि दे डाली थी) के साथ कैसे जीवन गुजारेगी? बसन्ती ने बताया है कि सभी लड़कियाँ सिरात्र (शिवरात्रि) व्रत करती हैं, पर माँ के कहने पर भी फूल सिरात नहीं करती थी क्योंकि शिव जैसा साँवला दूल्हा उसे नहीं चाहिए था। पर देखो तो भगवान की लीला, साँवला क्या एकदम कलुटा, कुरूप, बेढंगा और बेकार दूल्हा उसे मिला। कैसे उसके साथ निभा पायेगी। ऊपर से गरीब भी है। कुसुम तो डर रही थी कि कहीं फूल आत्म-हत्या न कर ले घबराकर। तरह-तरह की आशंकाओं से मेरी सहेलियाँ परेशान रहती थीं।

बिछुड़न के पश्चात् मेरी फूल से मुलाकात बहुत कम हो पायी थी और वर्षों बाद एक बार मिलना भी हुआ तो वह फूल कहाँ थी, वह तो फुलिया थी, बेबस, अर्द्ध-विक्षिप्त, कुछ के लिए दया का पात्र और कुछ के लिए हँसी का पात्र। उसका क्या कसूर था, शायद उसका प्यार। मेरी यह समझ में कभी नहीं आया कि प्यार ही सही, फूल ने कोई पाप तो नहीं किया था। फिर एक भूखे-नंगे कुरूप व्यक्ति से उसकी शादी कराकर किसी को क्या मिला गया। पर हुआ वैसा ही। अपनी गरीबी से परेशान गाँव-घर के प्रपंच और दबाव में आकर उसके घरवालों ने मर्यादा के नाम पर फूल की भेंट चढ़ा दी और फूल भी अपने घर की तथाकथित 'इज्जत' की रक्षा के लिए, उस वन-मानुष के साथ चुपचाप विदा हो गयी जिसकी कल्पना हममें से किसी ने नहीं की थी और जहाँ तक फूल का सवाल है तो कहना ही क्या? सबने माना कि यह किस्मत का खेल था पर मेरे मन ने इसे कभी स्वीकार नहीं किया। गाँव-घर के लोगों ने अपने अधिकार का

प्रयोग करके फूल की किस्मत लिख दी और बड़े आराम से पूर्ण-सहानुभूति के साथ यह भी कह दिया कि "यह तो किस्मत का खेल है और क्या?"

मेरी समझ के बाहर थी यह बात कि गाँव के पंचों ने फूल के भाग्य का फैसला कर दिया और उसे भगवान या किस्मत के फैसले का जामा पहना दिया।

राना विधावाली काकी फूल की विदाई के समय बहुत खुश होकर फूल की माँ सावित्री को समझा रही थी जो बेटी के भविष्य की आशंका से भयभीत होकर जार-जार रोये जा रही थी। चुप हो जा सावित्री। फूल तो ग्रहण बन गयी थी गाँव-घर के लिए। कुछ दिन में सब ठीक हो जायेगा। फूल का गृहस्थी में मन लग जायेगा। फिर कुछ दिनों पश्चात लोग उसकी गलती को भी भूल जायेंगे।

सावित्री बिना जवाब दिये सिसक-सिसक कर रोती रही। कोई असर होता न देखकर राना विधावाली काकी वहाँ से चलती बनीं। इधर विदाई-गीत गाया जा रहा था। विदाई गीत गानेवाली सिर्फ उमरदराज चाची और दादियाँ ही होती थीं, जो रोनी सूरत बनकर कँपकँपाते हुए आवाज में गाये जा रही थीं–

बेटी ...पड़लो सजन घर ए बाबा ...आ...

अबे बाबा सुतिहें निश्चित ...हो...

(बेटी सजन के घर चली, अब पिता चैन की नींद सो सकेंगे)

गीत सुनकर सभी की आँखों में आँसू झलक आये थे। सब, मर्द हो या औरत डबडबाई आँखों से विदाई में लगे हुए थे।

मेरा मन खिन्न था और अन्दर से इतना गुस्सा आ रहा था कि न और लोगों की तरह मेरे आँसू निकल रहे थे ना ही काष्ठवत फूल को समझाने के लिए कोई शब्द मेरे पास थे। गाँव-घर के इस दोगले व्यवहार से मैं स्तब्ध थी।

❒

सात

फुलिया अन्य लड़कियों की तुलना में सबसे खूबसूरत थी, साथ ही चंचल और शोख भी। इसी कारण हम सभी पर उसका प्रकट-अप्रकट दबाव जरूर रहता। सीने-पिरोने का काम तो वह करती नहीं थी। हाँ, जब गीत गाना या उल्टे-सीधे नाचना होता तब वह सबसे आगे रहती थी। गीत गाने का वह बचपन से ही शौक पाले हुए थी। गाँव-घर में किसी की भी शादी हो, फूल को नाचने-गाने के लिए खास-बुलावा होता। फूल भी अपनी सहेलियों के साथ नाच-गाकर माहौल को खुशी से भर देती, पर हमेशा चलती-फिरती रहना उसका स्वभाव बन गया था। प्रथम औलाद को जो अतिरिक्त प्यार माँ-बाप देते हैं, वह उसे प्राप्त था। अत्यधिक मान-सम्मान युक्त प्यार ने उसे जरूरत से ज्यादा शोख और चंचल बना दिया था। एक हद तक वह जिद्दी भी थी। वह हमेशा अपने मन की करती। उसका मुख्य काम था जुते हुए खेत में बाप के साथ तपती धूप में घंटों घास चुनना, बाप का खाना-पानी पहुँचाना। यह देख-देख कर गाँव के औरत-मर्द सभी चिढ़ते और फुलिया को ताना मारते। खुद बूढ़ी मामा कहती, "कल को बाप के मुँह में आग देगी, तारेगी।" इस पर फुलिया भी तड़प उठती और उसके मुँह में जो आता, बक देती– "हाँ, हाँ, बाप के मुख में आग मैं ही दूँगी, देखती हूँ कि आपका बेटा आपको सीधे स्वर्ग ले जाता है कि नहीं।" फूल की डोली उठ चुकी थी; डोली नहीं मानो अर्थी उठी थी। हम सब अपनी जगह पर मौन-उदास बैठे हुए थे। किसी के मुँह से कुछ भी नहीं निकल रहा था। मैं बहुत परेशान थी, मेरे लिए ऐसी घटना, दिल हिला देने वाली थी। पर चुप बैठकर

फूल की यादों में ही खोयी हुई थी और अपने मन में भूचाल मचा रहे किस्म-किस्म की आशंकाओं और बिना जवाब के प्रश्नों से परेशान।

फूल के दामन में सबसे पहले चीरा लगाने वाले इसी टोले का सुन्दर सिंह था, जिसकी लगाई आग को हवा देने का काम रानी विधावाली काकी ने किया था, जिनकी दोनों सौतेली बेटियाँ रानी और मालती एक व्यापारी से सम्बन्ध रखती थीं। बाप जंगबहादुर सिंह अपनी नयी बीवी को लेकर नये मकान में रहते थे और मालती और रानी को (जो उनकी पहली पत्नी की बेटियाँ थीं), मिट्टी के बने दो कमरों के पुराने मकान में अलग रखते। दोनों मकान एक ही आँगन के इस किनारे और उस किनारे पर खड़े थे। जब रात को रानी और मालती से मिलने वह व्यापारी चुपके से वहाँ जाता था। ऐसा नहीं कि गाँव में किसी को इस बात की खबर न थी। फिर जंगबहादुर के घर पर ढेला फेंकने की हिम्मत किसी में न थी। सब जान-बूझकर चुप थे। चूँकि मामला जंगबहादुर की राजपूती शान का कहो या दबंगई का था, अत: बहुत कोशिश की जंगबहादुर ने भीतर ही भीतर निपटाने की। पर कुछ कर नहीं पाये। वह व्यापारी भी छूरे के बल पर ही आता था। अन्तत: जंगबहादुर को उसको भगाने के लिए गाँव वालों का सहारा लेना ही पड़ा। इतनी बड़ी घटना घट गयी, किसी ने चूँ तक नहीं की। फूल पर ऐसे घिनौने ढंग से इसने कीचड़ उछाला कि सभी को अपनी तरफ कर लिया। उसके विरोध में फुलिया अकेले खड़ी रही जिसे किसी से कोई सहारा नहीं मिल पाया। किस्सा खत्म होने के पश्चात मेरे पास कुछ भी नहीं था बोलने को। फुलिया के बाप को छोड़कर। चारों तरफ से फुलिया की झोंपड़ी पर ओले पड़ रहे थे जिससे घबड़ाकर परिवार के अन्य सदस्य भी फुलिया पर एका-एक इतनी घृणा बरसाने लगे कि प्यार की बगिया की कली एक बारगी सूखने लगी जिससे लोगों ने उसको बदनाम करने का दूसरा हथियार बनाया। पर फुलिया खामोश थी। उस पर जाड़े की पूस की सर्द अन्धेरी रात की खामोशी छायी हुई

थी जिसमें जीवन का कोई लक्षण नहीं था।

अगर कोई परेशान थी तो वह थी मनकवा। उसे समझ में नहीं आ रहा था कि फुलिया का कसूर इतना भारी कैसे हो गया? "क्या इस प्रकार का अपराध मात्र फुलिया ने ही किया है?"

शोभा, जिरेखनी, फुलिया, सुनयना, शान्ति– कौन इस अपराध से अलग है। कौन नहीं जानता कि रानी और शान्ति दूध के बहाने, दही के बहाने या फिर मजदूरनी की तलाश के बहाने नीचला टोला क्यों बार-बार जाती थी? क्या गाँव वाले नहीं जानते थे कि वे काम से जाती है या जगेसर के घर-जमाई से दिन-दिन भर गप्प लड़ाने जाती हैं? क्या उनके लिए हल्ला नहीं हुआ था कि दोनों जगेसरा के दामाद से फँसी हुई हैं।

फुलिया तो फिर भी अनब्याही थी, वे दोनों तो शादी-शुदा थीं, फिर उन पर लोगों ने कीचड़ क्यों नहीं उछाला? शान्ति और मनकवा दोनों को शौक था कि उनका पति पढ़ा-लिखा और नौकरीवाला मिले जो शहर में रहता हो। पर उनकी शादी किसान परिवार में हुई, दिन भर खेत में काम करने वाला थका-हारा पति शौक श्रृंगार की बात क्या जाने। बालों को हमेशा सँवार कर, चेहरे को निखर कर रखने वाली औरत एक तरह से हार बैठी।

जगेसर का दामाद दोनों के मन लायक था। वह भी सजधज कर रहता। शहर में नौकरी करता था, पर बीवी इतनी फूहड़ थी कि उसे लेकर शहर में वह गृहस्थी चलाने की बात सोच भी नहीं सकता था।

पर वक्त के साथ, सब दब गया। अब बसन्ती पूरी तरह शान्त हो गयी थी। पर शान्ति का दिल अब भी कभी-कभी कचोट उठता है, खासकर तब जब अपने ही टोले में किसी लड़की का पढ़ा-लिखा दूल्हा आता। अपने अफसर चाचा की आई.ए. फेल लड़की के इन्जीनियर दूल्हे को देखकर उसका कलेजा फट पड़ा था। उसके आँसू थमने का नाम नहीं ले रहे थे। दहेज के सामान को देखकर बस बहुत मुश्किल

से उसके मुँह से एक वाक्य फूटा– "मेरे नाम पर आग लग गया था। कुछ रोजी न थी तो तिलक कहाँ से देते, जिन्दगी बर्बाद कर दी और अब चले हैं मनाने।" वह फूट-फूट कर रो पड़ी थी। घर भर के लोग मना रहे थे। पर उसकी आँखों से गिरने वाले आँसुओं का वेग तीव्र से तीव्रतर होता गया। सब मना कर हार गये। वे अरमानों के जनाजे पर निकले हुए आँसू थे। रुकने का नाम नहीं ले रहे थे। बस बहे जा रहे थे अनवरत।

मनकवा और शान्ति ही नहीं, सुनयना भी तो तेलिया के दामाद से सम्बन्ध रखती थी। सुनयना का हाथ खींचकर तेली के दामाद ने ज्योंही बैठाया, सुनयना की नजर घर के सामने से गुजरते हुए अपने चाचा से जा टकरायी। फिर सुनयना को तो भीतर-भीतर ही दबा दिया गया।

पर गाँव वाले उस समय भी फुसफुसा कर रह गये। उसने सारी बदनामी को चुपचाप सह लिया। सवाल है कौन बोलकर अपनी हड्डी-पसली तोड़वाता। पर फुलिया के सन्दर्भ में ऐसा नहीं हुआ। कहा भी जाता है कि सुधवा का मुँह तो कुत्ता भी चाटता है।

शायद देव से फूल की शादी हो भी जाती, क्योंकि देव तैयार था। पर फूल के गोतिया (हिस्सेदार, भाई-बहन) ऐसा होने नहीं देना चाहते थे। गाँव की परम्परा की, इज्जत की, प्रतिष्ठा की दुहाई देते हुए प्रेम-विवाह को सहमति देने के लिए कोई तैयार न था। मूल बात यह थी कि उस बिरादरी में आर्थिक रूप से सबसे कमजोर परिवार यही था और अगर फूल की शादी उसके रूप-रंग के कारण देव के खानदानी घर में हो जाती तो उनका बड़प्पन बौना पड़ सकता था। दूसरे तिलक-दहेज देकर भी बिरादरी वाले सामान्य खाते-पीते घरों में ही बेटी का ब्याह कर पाये थे, वे ईर्ष्यावश वे ऐसा होने नहीं दे सकते थे, पर प्रकट रूप से गाँव की परम्परा और प्रतिष्ठा का सवाल खड़ा कर उन्होंने फूल के भविष्य को गोबर से लीप दिया।

मुझे सब याद है। फूल की तड़प और दर्दभरी कसमसाहट। उसका रोंआ-रोंआ कुछ कहना चाह रहा था। सख्ती से भींचे होंठ फड़फड़ाने को आतुर थे। आँखें मानो चित्कार कर रही थीं। फूल ने घर से बाहर निकलना बन्द किया था। घर के पिछवाड़े दिन-रात मातम मनाती रहती थी। देखकर लगता था, यह फूल है या उसकी पत्थर-प्रतिमा। चेहरा लग रहा था जैसे मुर्दे का जर्द पीला और स्याह। पीठ पर हाथ रखते ही वह फफक पड़ी थी। उस दोपहर की सुनसान घड़ी में जाने कब तक बिना एक शब्द बोले सिसकती रही, फफकती रही। जमाने के डर से जोर से रोने का अख्तियार भी तो उसे नहीं था। बहुत शान्त होने पर उसने बस यही कहा– "क्या इसी को किस्मत का खेल कहते हैं? पर इतना जानती हूँ कि यह जख्म हमेशा हरा रहेगा। इस दर्द का कोई इलाज विधाता भी नहीं कर सकता।"

मैंने कहा– "वक्त! वक्त ही ऐसा मरहम है जो सारे घाव भर देता है। विधि का विधान है, और क्या? न वह आता, न यह सबकुछ होता। संभलने की कोशिश करो, यह जिन्दगी है। याद रखना। शायद अभी यह बात तुम्हारी समझ में न आये।"

"कैसे क्या करूँ, कुछ भी समझ में नहीं आता। मन किसी भी हालत में नहीं मानता। मैंने बहुत-बहुत कोशिश की है, पर क्या करूँ, न जी सकती हूँ, न मर सकती हूँ। जीने का कोई मतलब समझ में नहीं आता। अब जिन्दगी का कोई अर्थ नहीं रह गया है और अगर मरूँ तो घरवालों के माथे पर हमेशा के लिए कलंक का टीका बन जाती हूँ। हे भगवान! कुछ समझ नहीं पा रही हूँ। जितना सोचती हूँ, उतनी घबड़ाहट होती है। जिधर देखती हूँ, उधर अन्धेरा ही अन्धेरा नजर आता है।" तड़पते हुए फूल ने कशमशाते हुए कहा।

उस समय मुझे भी कुछ नहीं सूझ रहा था। बस, पत्थर निगाहों से ताकती रही और सुनती रही।

इसके बाद फूल कभी मिली भी तो कुछ न कह सकी। पर दिन-

दिन लुप्त होती हुई उसकी चमक सबकुछ कह जाती। उसने अपने होंठ सी लिये थे। इतनी मजबूती के साथ कि पागल हो जाने के बावजूद देव का नाम फिर कभी उसकी ज़ुबान पर नहीं आया।

फुलिया के घर में इतना भी न था कि तिलक देकर कम से कम खाते-पीते घर में उसकी शादी की जा सकें। फुलिया के बाबू ने अपनी भाई-भतीजी की परवरिश में अपने को मिटा दिया था। लेकिन जब भाइयों से बँटवारा होने लगा, उन्हें न्यूनतम हिस्सा मिला। फुलिया के बाबू वैसे थे खूबसूरत मगर अड़ियल टट्टू। इस गाँव की कहीं से जब लड़ाई ठनती, तब पहला भाला भीड़ में उन्हीं का चमकता था। पर न जाने क्यों बंटवारे के समय चुप लगा गये। उनका मानना था कि– जो भाई से बेईमानी करेगा, उससे भगवान समझेगा। बँटवारे के बाद जो कुछ मिला, वह भी स्वाहा हो गया। तीन-चार साल फसल लगातार मारी गयी। पत्नी के सीने में घाव क्या हुआ कि घर का तिनका-तिनका बिखर गया। नहीं दिखाते तो क्या करते बेचारे। पहली पत्नी का देहान्त भी इलाज के अभाव में हो गया था। यह दूसरी पत्नी थी जो बिनेसरी सिंह के बीच-बचाव से मिली थी और जिसके चलते उनके भाई-भौजाइयों ने हमेशा बिनेसरी सिंह को सरापा और निरवंश रहने की दुआ दी कि उसने हिस्सेदार खड़ा कर दिया। घर तो खाली हो गया, ऊपर से नौ-नौ पेट को भरना पड़ता। राम-राम करते हुए दिन कट रहे थे। घर के नाम पर सिर्फ आदमी ही आदमी थे। ऐसे में यह विपत्ति भी आ पड़ी। अन्तत: शादी स्वभाव और रंग-रूप से एक बंदरनुमा लड़के से तय हुई क्योंकि उसके पास पेट की अग्नि को शान्त करने के लिए थोड़ी सी जमीन थी। कुरूपता की वजह से जिसकी शादी टलती जा रही थी और वह बिना दहेज के शादी के लिए तैयार हो गया था। इस बात ने मुझे अन्दर से झकझोर दिया था। मेरी समझ में नहीं आया कि जो गाँववाले आपस में इतना भाई-चारा निबाहते हैं– एक-दूसरे के सुख-दु:ख में साथ देते हैं, वहीं गाँव

वाले गाँव की परम्परा और प्रथा के नाम पर इतना क्रूर और जालिम कैसे हो सकते हैं? यह कैसी प्रथा है? जिसके नाम पर हँसती-खेलती जिन्दगी को काला-पानी की सजा दे दी जाती है और बेबस जिन्दगी जीने को मजबूर कर दिया जाता है।

मनकवा ने जब मड़वा में दूल्हे को देखा तो सन्नाटे में आ गयी। मेरे अन्दर भी एक भयानक दहशत पैदा हुई। बुद्धि ने तत्क्षण कुछ भी समझने से इनकार कर दिया। कुछ देर बार जब आँखें उस खूबसूरत और बदसूरत की जोड़ी को देखने के लिए किसी तरह तैयार हुई तब सिर्फ एक ही ख्याल मन में टीस मार रहा था कि जो फुल दूसरे के दूल्हे को, यदि वह कुरूप हुआ तो उसे देखने भी नहीं जाती थी, वही फूल अब एक घृणित और लिजलिजे आदमी के साथ जिन्दगी का इतना लम्बा सफर कैसे तय करेगी? फूल के बाह्य गठन और संस्कार में बदसूरती नाम की कोई चीज ही नहीं थी।

लेकिन फूल की किस्मत ने वहाँ भी धोखा दिया। शायद उसकी किस्मत ही धोखेबाज थी जो कदम-कदम पर उसे धोखा देती गयी। उस जंगली-देहाती इलाके में दहेज में कुछ न ले जाने वाली बहू की इज्जत कैसी? मर्यादा कैसी? वहाँ भी पहला प्याला विश का ही मिला। फिर तो फूल बेचारी की जिन्दगी में विष-ही-विष था।

आर्थिक तंगी का शिकार परिवार, फूल को भला कहाँ चैन से रहने देता। फूल का रोज ही देवरानियों और जेठानियों से झगड़ा होता। कभी सास से उलझ पड़ती तो कभी पति से। कभी लाचार हो बच्चे को पीटती और दरवाजा बन्द कर कई-कई साँझ उपवास करती और अपनी जलती काठी को आँसुओं से ठंडा करने का प्रयत्न करती। पति बिल्कुल निकम्मा था। फूल तब एक बच्चे की माँ बन चुकी थी, शरीर से पति इतना निर्बल था कि खेती-बाड़ी उससे हो नहीं पाती। शिक्षा इतनी कम थी कि नौकरी भी नहीं मिल सकती थी। सबकी मार अकेले फूल पर पड़ी थी। ❐

आठ

सर्दी अपनी पराकाष्ठा पर थी। चूँकि जाड़ा आधा बीच चुका था, लोग दिन की मीठी धूप और रात की कड़कती सर्दी बर्दाश्त करने के अभ्यस्त हो चले थे। कॉलेज की पढ़ाई और फिर शादी के कारण, वर्षों पश्चात यहाँ आना हुआ था। मेरी सारी सहेलियों की शादी हो चुकी थी। सब अपने-अपने ससुराल में दफन हो दीन-दुनिया को मेरी तरह भुला गृहस्थी बसाने में लग चुकी थी। एक-दो जो मायके आयी हुई थीं, दो-चार दिन के लिए, उन्हीं से मुलाकात हो पायी। इस बीच फूल, फुलिया बन चुकी थी।

इतनी सर्दी के बावजूद गंगा स्नान का लोभ संवरण न कर सकी। बात ही कुछ ऐसी थी। यहाँ आना कई वर्षों पश्चात हुआ था। बहुत दिनों के बाद जकड़े और जमते जा रहे शरीर में लहरों की हलचल महसूस करना नया न होते हुए भी नया लगा। पूरे चार घंटे पानी में तैरने का व्यर्थ प्रयत्न करते रहने के कारण शरीर बुरी तरह चूर-चूर था। हल्का-हल्का दर्द हाथ-पैरों के जोड़ों में तब भी हो रहा था। लेकिन ये हल्के-फुल्के कारण धूप की तेजी को मिठास में बदल रहे थे। कुछ भी बुरा नहीं लग रहा था, कुछ नया भी नहीं लग रहा था। सिर्फ एक निर्मम खामोशी चारों ओर व्याप्त थी। सब मिलकर एक विराट शून्यता का निर्माण कर रहे थे।

गाँव शान्त और धीमी गति से कार्यरत था। ठीक जाड़े के दिनों में शान्त और धीमी गति से उगते सूर्य और बिखरती लाली की तरह, क्योंकि जाड़े के दिनों में अँधेरा होते ही लोग सोने की तैयारी करने लगते हैं, इसलिए काम-काज पूरे दिन चलता है।

बगल वाली छत पर सावित्री नानी भुट्टे के छिलके और खखरी सुखा रही थी। बड़े आराम से धीरे-धीरे एक-एक करके पसार रही थी। हाथ के साथ-साथ उसकी छोटी-छोटी गोल, चमकीली और अपेक्षाकृत सिकुड़ी आँखें अपना काम ज्यादा कर रही थीं और ज़ुबान अपना काम। ज़ुबान का काम तो अस्पष्ट ढंग से बड़बड़ाने तक ही सीमित था पर आँखें छत से दूर-दूर तक मटक-मटक कर आसपास की खबरें मस्तिष्क तक पहुँचा रही थीं। साथ में छोटी बहू भी थी जो नीचे आँगन से दौरी में भर-भरकर भुट्टे की खखरी और छिलके छत पर ढो रही थी, हिलती-डुलती बाँस की सीढ़ियों के सहारे।

पर दोनों बिल्कुल खामोश थीं। बहू सहमी-सी आती और चुपचाप टोकरी से खखरी गिरा कर फिर नीचे उतर पड़ती। अनायास मेरी आँखों को मुस्कुराने का बहाना मिल गया। मन दौड़ गया, रात के भयानक महाभारत पर। मेरी नजर एक बार सावित्री के छोटे लड़के (कमल) से टकरायी जो छत के कोने पर चौकी पर लेट बड़ी तल्लीनता से कोई कहानी की किताब पढ़ रहा था। उसके चेहरे को देखकर मनकवा को हमेशा घृणा होती थी। बी.ए. पास कर पाँच साल तक बेकार बैठा रहा। फिर खेती शुरू की और 30 मन गेहूँ और 25 मन मकई का ढेर दरवाजे पर लगा दिया था। तब से इसका रौब समूचे घर को खाये जा रहा था।

इसके बड़े भैया सुखराज शुरू से मुँहचोर थे और कमल, भाई की कमजोरी को, खूब समझता था। चूँकि खेती करता है, इसलिए भाई की पूरी तनख्वाह हड़प लेता था। एक बार नई भावज ने थोड़ी अकड़ दिखायी जिसका साथ भाई ने भी दिया, तब इसने आग लगाकर मरने का नाटक किया था। तभी से घर का एकक्षत्र मालिक बन बैठा। फिर तो मानो कुँजी ही मिल गयी। जब चाहा ताला ऐंठ देने लगा। भाई का जेब खर्च तक चेक करने लगा। नई-नवेली पत्नी को भाई जिस-जिस दिन तेल का डब्बा या फिर साड़ी लाकर देता, उस-उस दिन तो दोनों

बेकत का खाना बन्द ही हो जाता। उसके बाद भी कई दिनों तक घर में लगातार मौन महाभारत चलता रहता, जिसकी शिकन घर के हर सदस्य के चेहरे पर देखी जाती। यहाँ तक कि मासूम नन्ही-नन्ही दो बच्चियाँ भी रो-रोकर इसकी साक्षी बनतीं, क्योंकि उनको न कोई सुलाने के लिए बुलाता न खिलाने के लिए।

इस घर में अब तक खामोशी का अपना साम्राज्य जम चुका था और वह घर के हर सदस्य की ज़ुबान पर अपना ताला मार चुकी थी।

चूँकि वहाँ की प्राय: ज्यादातर सभी छतें बिना मुँड़ेर की थी, अत: एक छत से सभी छतों पर हो रही कार्रवाइयों को देखा जा सकता था। तीन घरों के बीच स्थित खुली जमीन में छोटे-छोटे पाँच-छ: बच्चे खेल रहे थे। जाड़े के कारण उस भरी दुपहरिया में भी ये सब सुबह वाला अनाप-सनाप कपड़ा लपेटे हुए थे। पर प्राय: सभी नंगे थे। लड़कियाँ जो थोड़ी बड़ी थीं, मैले-मैले निकर पहने हुई थीं, ऊपर से बिना क्रम के पूरी, आधी बाँहवाली फ्राँकें झूल रही थीं। लड़के एक-एक शर्ट और नेपालियों द्वारा बेचे गये सस्ते दामों वाले बदरंग स्वेटर पहने हुए थे। अधिकांश के कपड़े मैल से चिकट हो गये थे। नाक के नीचे मूँछ की बालों और आस्तीनों पर सफेद पपड़ी चमक रही थी जो गोरे थे, उनके गाल के चमड़े खुष्क हो फट जाने के कारण रक्तिम हो गये थे, और जो काले थे, वे और रूखे लग रहे थे। सभी के नंगे पैर करीबन एक ही रंग के धूल-धूलरित थे। नीचे से देखकर किसी को पहचाना नहीं जा सकता था। इसके बावजूद सारी दुनिया से बेखबर वे अपने ही रंग में डूबे हुए थे।

तभी जब फुलिया ने जाड़े की भयानक ठंडी खामोशी को झटके के साथ तोड़ती हुई तथा लोगों को चौंकाती हुई इस गाँव में प्रवेश किया– नहीं, फूल नहीं– यह फुलिया थी जो घिसते-घिसते कब फूलकुमारी से फुलिया बन गई पता ही नहीं चला। फुलिया कलकत्ता से आयी थी। मर्दों को छोड़कर जितनी लड़कियाँ और औरतें घरों

से बाहर निकलने लायक थीं, वे प्राय: सभी अपने-अपने काम-धन्धे को छोड़कर फुलिया को देखने के लिए दौड़ पड़ीं। घर की नई नवेली बहुएँ उतावली होकर खिड़की-दरवाजे से कान-आँख सटाकर बाहर की सरगर्मी को सूँघने का प्रयत्न करने लगीं। मैंने भी सोचा, चलकर देखा जाये।

और शायद मैंने निर्णय लेने में देर कर दी थी, क्योंकि कुछ काम-काजी औरतें उसे देखकर वापस लौट रही थीं। वे पूरी तरह अब भी उत्तेजित थीं, मानों रुके हुए पानी का बाँध टूट गया हो।

फुलिया को देखकर उनके मन में जो प्रतिक्रियाएँ हो रही थीं, वो सारी की सारी जुबान, आँखें तथा हाव-भाव से एक ही साथ व्यक्त होना चाह रही थीं। सभी औरतें मानो तेज धारा के बीच बने भँवर में उमड़-घुमड़ रही थीं। पर कोई भी उस तूफान को थामनेवाला न था। सब अपनी अलग-अलग मुद्रा बनाकर हाँक रही थीं।

बसन्ती भी ससुराल से मायके आयी हुई थी। फूल की बाकी सहेलियाँ ससुराल जाकर बस चुकी थीं। फूल की हालत देख बसन्ती तो स्तब्ध थी। कोई नियति के क्रूर चक्र की दुहाई दे रही थी, तो कोई फुलिया को दोषी ठहरा रही थीं, तो कोई उसके माँ-बाप को, कोई उसके ससुराल वालों को, तो कोई उसके मर्द को और कोई इससे भी परे हटकर किसी इतर कारण की खोज कर रही थी। सब की सब एक अजीब सी बेचैनी और झुंझलाहट से परिचालित थीं।

फुलिया पागल हो गयी– इस खबर को तो लोगों ने पचा लिया था पर आज साक्षात उसे देखकर पचा पाने का सामर्थ्य शायद उनमें भी नहीं रह गया था।

इनके सहानुभूति पूर्ण भाषण की जरूरत किसी को न थी। न तो फुलिया को, न इस गाँव को, न इस टोले को, पर हाँ, उनके लिए यह एक अहम् मसला था और इस पर उनका भाषण देना जरूरी था। मुझे उनकी बेमतलब की गप्प से कोई सरोकार नहीं था, न उनको

मुझसे सिर्फ हाँ छोड़कर किसी अन्य चीज की अपेक्षा वे मुझसे नहीं करती थीं।

उस समय बड़ा अजीब लगा। हालाँकि अजीब लगने जैसी कोई बात न थी। लोगों की तो यह फितरत होती। पहले ये लोग किसी भी अच्छी चीज या अच्छे व्यक्ति को बिगाड़ने का भरसक प्रयत्न करते हैं, फिर जब चीज टूट जाती है या व्यक्ति टूट कर दयनीय स्थिति में पहुँच जाता है, तब ये उस पर उसी तत्परता से सहानुभूति भी जता देते हैं।

ये वही लोग थे जिन्होंने मिलकर फुलिया के सुनहरे भविष्य में सदा के लिए अन्धेरा भर दिया था। गाँव की सबसे खूबसूरत कली जिसे फूल बनकर खिलने और महकने का कोई मौका न मिला। उसकी सुगन्ध उसी में सिमट कर समाप्त हो गयी।

वह जो रानाविधावाली है ना, रानी और मालती की सौतेली माँ, यहाँ सभी उनको काकी ही बोलते थे। एक जमाने में खासकर फुलिया के जमाने में अपने षड्यन्त्रों के लिए मशहूर थीं। इनका पूरा घर लड़ाई के लिए हमेशा तैयार रहता था, चार-चार बेटे और पहलवान पति के सहारे यह औरत किसी से भी झगड़ा मोल ले लेती। मनकवा को तो यह कभी फूटी आँखों भी नहीं सुहाई। प्राय: इन दोनों में भिड़न्त हो जाती और देखते-ही-देखते एक पूरा महाभारत शुरू होकर समाप्त हो जाता। उस समय इस काकी महारानी का घर मेरे नाना के घर के साथ ही था। यानी एक ही आँगन के हम वाशिन्दे थे। अक्सर इनकी लड़ाई मेरी नानी से हो जाती और फिर तो एक तरफ नानी और दूसरी तरफ इनका पूरा घर। झगड़ा पूरा-पूरा दिन चलता, जबतक साँझ जबर्दस्ती इनके घरों में आकर न बैठ जाती और साँझ बत्ती की माँग न करने लगती, बच्चे अनसा कर खाना न माँगने लगते, तबतक झगड़ा उठते-गिरते चलता रहता।

अब जब खुद दर्द और अपमान के घूँट रोज-रोज पेट भरकर

पीना पड़ रहा था तब जाकर थोड़ा बदली हैं। पति के मरने के पश्चात् चार-चार बेटों के रहते हुए भी मारी-मारी फिरती हैं और भूख और किल्लत के सिवाय कुछ नहीं मिल पाता। पति था तो एक नम्बर का हरामखोर और जवानी में उसने भी खूब लूट-पाट की और मरते समय अपनी कमाई का पाई-पाई उसने पत्नी को सौंप दिया। उसी के भरोसे जिन्दगी भर जीता रहा और अन्त में तड़प-तड़प कर मरा। पर मरते ही घर-बाहर की सम्पत्ति पर बेटे और बहू काबिज हो गये और उसकी जिन्दगी मोहताज हो गयी बहू-बेटों की। इसी कारण फुलिया के इस गाँव से विदा होने से पागल होकर लौटने तक इनका भी कायापलट हो गया था।

फुलिया को देखकर आयी तो इस तरह बिफर कर रो रही थी कि पत्थर दिल भी पीघल जाये। लगता था, फुलिया का सारा दु:ख-दर्द इन्हीं के सीने में समा गया। रोज-रोज रोते दिन कटता था। फिर भी इतने आँसू रखती थीं कि दूसरों पर बहाया जा सकें। पता नहीं, अपनी करनी से यह काकी अब तक कितने घरों को रसातल पहुँचा चुकी थीं। अपनी देवरानी के लड़के को इस कदर बिगाड़ दिया कि बेचारा जिन्दगी भर के लिए घर से बाहर हो गया। अन्त में गाँव की किसी दलित व्याहता को लेकर घर बसा लिया और हमेशा-हमेशा के लिए बिरादरी से निष्कासित हो गया। अब जब इन्हें खुद नारकीय यन्त्रणा भुगतनी पड़ रही है, एक लम्बे अन्तराल से, तब जाकर इतनी सहनशीलता और उदार हो गयी है कि मंदिर में तो माथा टेकती ही है, आशीर्वाद देने में भी माहिर हो गयी हैं। शायद अब वह दूसरे का दर्द समझने लगी थी। चार-चार बेटों की माँ होने के बावजूद अकेले एक कमरे में रहना पड़ रहा था। लगभग अन्धी हो चुकी आँखों के सहारे अपना खाना खुद बनाना पड़ रहा था, पैसा-खेत-जमीन सब बेटों ने कब्जा कर रखा है। सिर्फ दो वक्त की रोटी का राशन ही उन्हें बहुएँ देती थीं। शायद विवशता क्या होती है, इसको समझ गयी हैं।

गाँव-घर में कोई उनके पास नहीं आता है, वहीं खुद लाठी के सहारे किसी-न-किसी के दरवाजे पहुँच जाती।

फुलिया को इस गाँव से खदेड़ने के लिए तब सबसे ज्यादा तत्पर यही काकी थी। उस दिन फुलिया को देखकर लौटी तो कैसी सहानुभूति जता रही थीं– "हाय रे, बेचारी की किस्मत ही फूटी है। एक तो मर्द बेकार मिला, उस पर भगवान ने मति भी हर ली। हाय! दईब, इसका बसर कैसे होगा? बच्चे क्या हैं, जैसी मूरत। साँचे में ढाले हुए। लगता भगवान की आँखें इसके लिए फूट गयी थीं।"

अबकी फुलिया की गोद में दो बच्चे भी थे, जैसे किसी उपेक्षित तालाब में दो कमल खिले हुए हों और लोग भी क्यों पीछे रहते– एक पर एक ताबड़तोड़ सहानुभूति जताये जा रहे थे।

कतरीवाली और गोनुपरावली दोनों एक स्वर से उसका दुखड़ा रोए जा रही थीं। बेचारी कैसी हो गयी। कभी सुख का मुख न देखा। ये दोनों आपस के देवरानी-जेठानी हैं। इनका परिवार संयुक्त है जिसका प्रचार पूरे गाँव में एक आदर्श और सुखी परिवार के रूप में हैं। इस बोझ को इस घर के औरत-मर्द अभी तक ढो रहे है, हालाँकि इसका वजन इतना बढ़ गया है कि घर के कुछ सदस्यों की गर्दनें टेढ़ी हो चुकी हैं। तभी इस गाँव की मामा (दादी) ने कहा, "ठीक है। बेचारी का मर्द ही जब काम लायक न मिला तब उसके दुःख का क्या? और सुख का क्या?" किन्तु उनकी इस बात पर किसी ने ध्यान नहीं दिया। उनका अपना दर्द बोल रहा था। यह दादी सोलह-सत्रह की उम्र में ही विधवा हो गयी थीं। तब से पट्टीदार के साथ ही रहते आ रही थी। पट्टीदार भी इनकी सम्पत्ति हथियाने के लोभ में दो जून का खाना और साल में दो सफेद साड़ी देकर जिन्दगी भर खिजमत कराता रहा। अब किसी काम की नहीं रहीं और जब से घर में नयी बहुरानी (नतिनपतोहू) आयी है, आधे का हिस्सेदार होते हुए भी सब करम हो गया है। इनका अपना पुराना दर्द है। उपेक्षित जीवन की

पीड़ा।

मैंने अपने खुले बालों को समेटते हुए फुलिया की केश राशि को याद किया। कैसे और कब घर से बाहर निकल आयी, पता नहीं। फिर अपने को सीधे एकदम फुलिया के आँगन में ही पाया। मनकवा वहाँ पहले से पहुँची हुई थी। पर आँखें उसकी शायद अतीत की गलियों में भटक रही थीं। जैसे ही मैंने आँगन में प्रवेश किया, फुलिया की आँखें मुझसे टकराकर एक क्षण के लिए ठिठकीं और अपनी पूर्व पहचान का इजहार कर गयीं। पर रोज मिलनेवाली मनकवा को नहीं पहचान पायी।

वहाँ का आलम ही कुछ और था। दोनों तरफ से आमने-सामने खड़े घर जिसमें एक ही खानदान के दो परिवार अलग-अलग रहते थे। बीच में आँगन था जिसमें दो-तीन चरपाइयाँ बिछी पड़ी थीं। एक फुलिया के घर की बंसखट चारपाई थी जिस पर मैल से चीकट हुआ चिथड़ा बिछा था। शायद वह फुलिया के लिए बिछाया गया था। वह उससे पीठ टेक कर जमीन पर ही बैठी हुई थी।

उस समय फुलिया सुन्दरता और कुरूपता का मिक्सचर बनी बैठी थी– चारों तरफ से स्त्रियों और बच्चों से घिरी हुई। एकदम खामोश! पागलपन का दौरा तभी शायद समाप्त हो गया था। जमघट के बीच ज्यादातर बूढ़ी औरतें ही उससे खोद-खोद कर और थोड़ा डरते हुए भी उसकी कहानी पूछ रही थीं और गुन-गुनाकर अपना मत भी जाहिर करती जा रही थीं। एक किनारे कुछ बड़ी कुँआरी और ब्याहता लड़कियाँ थीं। फुलिया तो एक तरह से जड़ होकर बैठी थी, पर उसकी ओर से उसकी माँ अपनी सूखी और निर्जीव आँखों को थोड़ा नीचे करके देख रही थी। वहाँ, तब सब की आँखों से आँसू छलक रहे थे।

आँसू अगर नहीं थे तो फुलिया की आँखों में। फुलिया की माँ ने भी काठ-जिन्दगी का इतना लम्बा फासला तय कर दिया था कि अब उसके भीतर नमी नाम की कोई चीज नहीं रह गयी थी। शुष्क

और नीरस जीवन को ढोते-ढोते आखिरकार वह भी एक जीवित जड़ प्रतिमा बन चुकी थी।

कभी फुलिया से भी अधिक खुशमिजाज, खूबसूरत और नाज़ुक थी, उसकी माँ। गाँव की बूढ़ी स्त्रियाँ कभी-कभी पुरानी बात को दोहराते समय इसकी भी चर्चा करते जाती थीं। फुलिया की माँ को लोगों ने तब उसकी नाजो-अदा के चलते ही बहू से कुछ परे की संज्ञा दे डाली थी।

उसकी दाँतों में मिस्सी का कालापन अभी भी मौजूद था। वह अपने दाँत मिस्सी से ही साफ किया करती थी। ऊपर से पान भी चबा लिया करती थी। पर यह सब उसके लिए अब कोई हकीकत न होकर एक स्वप्न मात्र ही रह गया था। यहाँ ससुराल में आने पर रोटी के लिए हाड़-तोड़ परिश्रम करते हुए पति को देखकर उसकी सारी नजाकत और शोखी अपने-आप न मालूम कहाँ और कब गुम हो गयी, उसे पता नहीं। वह अब दुःख और सुख की मोटी सीमाओं के बाहर थी। फिर भी अपनी किस्मत के सामने कभी नहीं हारी। एक-एक दाने के लिए संघर्ष करते हुए उसने पति और बच्चों के साथ अपने को पत्थर की तरह तराश लिया था।

भूख की आग में तपकर संघर्ष के हथौड़े से पिटकर अब वह फौलाद बन गयी थी। उस पर किसी प्रकार की कभी कोई प्रतिक्रिया होते किसी ने भी नहीं देखी। इतना ही नहीं, भयंकर गरीबी का गला पकड़ कर भी वह बीच-बीच में खुलकर हँस लेने के लिए अवकाश निकाल लेती। गाँव के देवरों से हँसी-ठठोली कर अपने जख्म को भर लिया करती थी और साथ-साथ तीन-तीन लड़कियों और तीन-तीन बेटों का दोजख भी भर रही थी। फुलिया पहली सन्तान थी माँ की– पूरी नजाकत, शोखी और सलोनेपन का नमूना। माँ और बाप दोनों का भरपूर प्यार पानेवाली फूल सी गुड़िया फूलकुमारी में रूपान्तरित हो ही गयी। वही फूलकुमारी आज माँ के सामने इस अवस्था में बैठी

थी। उस माँ की आँखें भी आज नम हो रही थीं। शायद पत्थर के किसी कोने से पानी का कोई सोता फूट निकलना चाहता था, इसी बहाने।

इस आँगन के एक किनारे एक दीवार थी। दूसरी तरफ दीवार में एक छोटा-सा दरवाजा लगा हुआ था जो खेत की तरफ खुलता था। खेत के सीमान्त पर ग्वालों की बस्ती थी जिसे यहाँ के लोग 'नीचला टोला' कहते थे। आँगन के पिछवाड़े के दरवाजे से उस बस्ती का नजारा सीधे दीखता था।

अत: फुलिया के आँगन में खड़ी भीड़ को देखकर बहुत सारी औरतें और बच्चे यह तमाशा देखने पहुँच गये और सभी की आँखें एक अजीब प्रकार की चमक बिखेर रही थीं। हमेशा राजपूत टोले के लोग उनके तमाशे को देखकर हँसते थे, मानों आज हँसने की पारी उनकी थी।

उन्हें भगाने का निरर्थक प्रयत्न कई बार किया गया ताकि वे अपनी बस्ती में जाकर सवर्ण टोले के इस घिनौने कृत्य को न बोल पायें। पर वे तबतक वहाँ से टस-मस नहीं हुई जबतक फुलिया के चाचा, जो अलग रहते थे, डंडा उठाकर गाली देते हुए उनको मारने के लिए न दौड़े। इस पर वो सब खिल-खिलाती हुई भाग गयीं।

फुलिया बंगला पाड़ की सफेद रंग की मैली साड़ी पहने हुई थी, पर उसका ढीला-ढाला ब्लाउज खूब साफ था जो कि किसी का दिया हुआ लगता था। ब्लाउज, ब्लाउज के अर्थ से परे था। फुलिया जिन बालों को जान से भी ज्यादा प्यार करती थी, वो उसके सिर से नदारत थे। बाल तो अच्छे मनकवा के भी थे जिसके चलते मनकवा और फुलिया में प्राय: तकरार हो जाती। पर दोनों में मन-मुटाव कभी न हुआ। फुलिया को अपने बालों पर नाज था। पर पता नहीं क्यों वह अपने बालों को हमेशा लपेट कर रखती थी।

मनकवा कभी-कभी कह भी बैठती, "तुम्हारे बाल सुन्दर हैं तो

इसकी सुन्दरता को बिखरने दे।" इस पर फुलिया का जवाब हमेशा अधूरा रहता। वह कहती, "ये काली घटा और जोर-जोर से हँसी देती। अब बालों की जगह आँचल का थोड़ा सा अंश सिर पर था।"

उसकी खूबसूरत कजरारी आँखें हालाँकि इस समय शान्त थीं पर अन्दर एक ज्वाला उनमें धधक रही थी। चेहरे पर असमय ही उभरती आ रही सिकुड़न लम्बे संघर्ष की कहानी दोहरा रही थी।

चेहरे, गर्दन, हाथ तथा पाँव में गोरी चमड़ी पर जो कि अब काफी धूमिल हो चली थी, मैल की परतें भी जमकर जगह-जगह से उसे खुष्क, भूरा और रूखा बनाकर, अपने पुराने पड़ जाने की दास्तान कह रही थी।

उसके वे काले और लम्बे प्यारे-प्यारे बाल नहीं रह गये थे, बल्कि कटे हुए बाल एक घोंसला का रूप लिये हुए थे। पागलपन का पहला इलाज उसके बालों को कतरने से ही शुरू हुआ था और उन बालों को कतरने वाला और कोई नहीं, खुद उसका पति ही था। वही पति, जिसे फुलिया अपनी घटाओं का साया देने का सपना पाला करती थी।

फुलिया घर में शीशे के एक टुकड़े को मिट्टी की कोठी में चिपका कर जो आईना बनाया था, अब भी यथावत था। उस छोटे से शीशे के सामने फुलिया ने सुन्दर कल्पनाओं के न जाने कितने सुन्दर सपने बुने थे और न जाने कितनी कल्पनाओं ने गगन चुम्बी उड़ाने भी भरी थीं। उस छोटे से चिपके तिकोने आईने में ही अपनी सूरत पर फुलिया स्वयं फिदा हो जाती थी। उसका समूचा मुख मंडल एक प्रकार की अहम् की लाली से मंडित हो उठता था। वह आईना आज भी बदस्तूर वहीं चिपका हुआ था, मानो मुँह चिढ़ा रहा हो।

फुलिया बड़ी उम्र तक नन्हे बच्चों के साथ गोटी, एका-दुक्का तथा गुड़ियों का खेल खेलती रही और उसके हर खेल का अन्त बच्चों से झगड़े में होता। वह जीत जाती और बच्चे रूठ जाते। फिर कभी उसके साथ नहीं खेलने की धमकी देकर भाग जाते।

फुलिया के लाल होंठों के रंग को लेकर मैं तो नहीं, पर मनकवा हमेशा छींटाकशी करती रहती। एक बार उसे ऐसे ही फुलिया के होंठों का मजाक उड़ाया था। यह रंग भी झर जायेगा। इस पर फुलिया ने तपाक से कहा था, "रंग इतना कच्चा नहीं है, बसन्ती की तरह। क्या मैंने भी आलता से होंठ लाल किये हैं? जो शाम तक तो किसी तरह ठीक रहता है, पर भोर होते ही मिट जाती है। फुलिया का रंग तो बनाने वाला जबतक खुद अपने हाथों से नहीं मिटाता, नहीं मिटेगा।"

मुझे याद है, फुलिया घर में सबसे बड़ी थी, बाप की दुलारी थी। पर फुलिया के हाथ खेतों में लगातार काम करते रहने के कारण कड़े हो गये थे। उनमें रूखापन जरूरत से ज्यादा आ गया था। फुलिया, बसन्ती के काले मगर कोमल और चिकने हाथों को देखकर प्राय: ईर्ष्या करती। हँसी-ही-हँसी में कितनी ही बार कहा भी था, "कनिआई के मुँह का बखान होता है कि हाथ का।" बसन्ती इसका जवाब सिर्फ मुस्कुरा कर देती जिससे फुलिया और चिढ़ जाती।

लेकिन हार फुलिया की ही हुई, और चुपके-चुपके उसने अपनी हार को स्वीकार भी लिया था। एक दिन उसके आँगन में हमलोग उसे बुलाने पहुँची थीं। फुलिया ओसारे के पाये से लगी अपराधिनी की मुद्रा बनाए खड़ी थी। उसकी माँ लगातार व्यंग-बाण छोड़े जा रही थी, "एह बर्त्तन नई माँजेगी, रानी बनी है, देखँूरगी कि ससुराल में ये राज कइसे चलता है॥"

उसने धीरे-धीरे हाथों को ठीक करने के लिए घर का सारा काम-काज छोड़ दिया। खासकर बर्तन माँजना तथा कुएँ से पानी खींचना तो बिल्कुल बन्द ही कर दिया। वैसे घर को काम से मतलब था, कोई करे। इसी कारण फुलिया पर डाँट भी प्राय: नहीं पड़ती। पर उसकी चाची फुलिया से बहुत चिढ़ती थी। उन्हीं का दिया हुआ फुलिया का एक और नाम 'नट्टिन' पूरे टोलेवाले को मालूम था, क्योंकि फुलिया चाची के हर ताने का जवाब देती। सहना उसकी प्रकृति में नहीं था।

उसके घर से यानी माँ से या बाप से जब भी गाँव-घर का झगड़ा होता, फूल लड़की होने के बावजूद झगड़े में कूद पड़ती।

सहने की प्रकृति इस घर के किसी सदस्य की नहीं थी। गिरती-ढहती मिट्टी की चाहरदीवारी में कैद ये प्राणी अब इस अवस्था में पहुँच गये थे कि किसी से भी निहत्था लोहे लेने के लिए तत्पर रहते। हार-जीत की चिन्ता से परे ये एक अलग ही जाति के लड़ाकू थे। इसी से शह पाकर फुलिया भी अपनी चाचियों से निर्द्वन्द्व भाव से लड़ती। इसके पीछे बाप की चुप्पी की ताकत थी। वह जानती थी कि कोई कुछ भी कहे, उसका बाप उसे कभी कुछ कहने वाला नहीं है। वैसे अपने बाप की मार उसे खूब याद है। साथ ही यह भी याद है कि उसके बाद या उसके पहले कभी उसने मार नहीं खायी थी। फलतः मार सहन न कर सकी और बीमार हो विस्तर से लग गयी। उसे याद है, किस तरह उसकी माँ और बाप ने बीमारी के वे दिन काटे थे। हफ्तों बाद जब फुलिया की हँसी घर में गूँजी तब जाकर उसका घर सामान्य हो सका था।

उसी फूल का वैसा रूप देखकर मस्तिष्क को करेंट सा लगा। गले में कुछ फड़फड़ाने लगा। सीने पर लगा कोई बहुत भारी बोझ अनायास आ गया है। फुलिया के बाल इसलिए कतर डाले गये थे कि तेल कम से कम लगे। किसी वैद्य ने बताया था कि सिर में ठंडा तेल डालने से दिमाग शान्त रहेगा। उसके बाल हम सभी के लिए ईर्ष्या की वस्तु थी। कारण, लहरों पर मछली की तरह मचलनेवाली फुलिया के बाल गंगा की लहरदार लहरों से होड़ लेते थे। आज वही बाल बेतरतीब कटे हुए थे और जंगली ढंग से विकास पाने के कारण सिर को एक अस्त-व्यस्त घोंसले का रूप प्रदान कर रहे थे। वह एक टाँग समेट कर तथा एक टाँग को पसार कर बैठी हुई थी। उसकी छाती से सटा एक और जीव उसकी गोद में साँस ले रहा था। वह थी उसकी बेटी, अपनी कबूतर जैसी गोल-गोल मासूम आँखों को मटका-मटका

कर शायद इस नये परिवेश का अवलोकन कर रही थी। न वह हँस रही थी, न ही रो रही थी, न ही खाने-पीने और न सोने का प्रयत्न कर रही थी। आँखों को छोड़कर उसका सारा शरीर बेजान सा पड़ा था। मानो माँ-बाप और भाई के साथ उसे भी चुपचाप जड़ रूप में रहने की आदत पड़ गयी हो। गन्दगी का असर उस पर बाहरी रूप से नहीं पड़ा था जिसमें वह जीती थी। इसी कारण उसका लुभावना मुखड़ा अभी भी लोगों को अपनी तरफ खींचने की ताकत रखता था। कुछ औरतें सहानुभूतिवश उसे लेने के लिए बढ़ी भी, पर फुलिया ने उसे अपनी गोद में इतना कस लिया कि औरतों के बढ़ते कदम अपने-आप रुक गये।

बड़ा ताज्जुब हो रहा था कि आँधी-थपेड़ों का उस कोमल और नन्हे फूल पर अबतक कोई असर नहीं पड़ा था। शायद उस बगीचे के फूल में जंगल के फूल की ताकत समा गयी थी जिसने आँधी और तूफान को झेलकर भी मुस्कुराना सीख लिया था।

मेरी नजर एक बार फिर चौंकी। फुलिया के उभरते पेट में एक और जीव साँस ले रहा था, और पोषण के लिए बची-खुची फुलिया को भीतर ही भीतर निचोड़ रहा था।

फुलिया बिल्कुल बेखबर थी। अपने एक-एक अंग को हिफाजत से सँवारने वाली फुलिया को अब किसी चीज की आवश्यकता नहीं रह गयी थी। फुलिया के सामने अलमूनियम की पिचकी थाली में मकई की एक मोटी रोटी, नमक और एक सूखा मिर्च पड़ा था जिसे वह चाव से, बातचीत के क्रम में इधर-उधर नजर फेंककर, खाती जा रही थी, धीरे-धीरे। तभी उससे हमेशा लड़ने वाली उसकी चाची अपने घर से हाथ में कोई काली-हरी चीज लेकर निकली और छपाक से फुलिया की थाली में डाल दी। फुलिया ने एक बार चौंककर थाली में गीरे साग को देखा, फिर आश्वस्त हो उसी ढंग से खाने लगी।

उसका चौदह साल का बेटा समझदारी में 40 साल के व्यक्ति को

मात दे रहा था। इतने हलचल भरे वातावरण में भी स्थिर हो धीर मन से रोटी और आम की निमकी खा रहा था। उसके चेहरे पर एक गहन प्रौढ़ तटस्था थी। न चाहते हुए भी अपनी छोटी सी उम्र में जो कुछ देखा, सुना, समझा था, उसके अनुभव ने उसके चेहरे का भोलापन खींच लिया था। बस तरुण्य की लुनाई अभी तक बची हुई थी, सब तरफ से बेखबर वह पता नहीं किस दुनिया में खोया हुआ था।

इस बेचारे के आसपास कोई न था, न उसे किसी की जरूरत थी। पूरी की पूरी भीड़ फुलिया को घेरे हुई थी। पर एक अपरिभाषित अपराध की कालिमा उसके चेहरे पर भी पुती थी। वह पहले भी कई बार यहाँ आ चुका था। खासकर तब, जब बाप की मजदूरी छूटे महीनों गुजर जाते और फुलिया की कमाई से भी घर चलना संभव नहीं होता। तब वह अपनी माँ के साथ यहाँ चला आता था। कुछ दिन पेट का राक्षस खामोश बैठ जाता। पर फुलिया के सामने वर्तमान के भयंकर अंधकार में भी भविष्य की एक सुनहरी रेखा कौंध जाती, बेटे की डोर पकड़ कर। अपना जीवन तो नरक बन ही गया था पर हमेशा सपने देखने वाली फुलिया ने हार कभी नहीं मानी थी। अब वह बेटे को लेकर सपना देखती थी और इसके लिए उसकी समझ में बस एक ही बात आती कि किसी तरह लड़के को पढ़ा-लिखा दूँ। फिर तो सब ठीक हो जाएगा और उसकी पढ़ाई वह हर कीमत पर चालू रखने की कोशिश में रहती। फिर यहाँ आने के दूसरे या तीसरे दिन ही जंग लगी छोटी सी पेटी से मैला रूमाल निकालती, उस रूमाल में बँधे दो-चार रुपये निकाल कर बेटे के हाथ पर रखती और उसे कलकत्ता भेज देती। किसी भी कीमत पर लड़के की पढ़ाई जारी रखना था। इसके लिए वह विभिन्न प्रकार के कार्य कर चुकी थी और अभी तक करती आयी थी। पहले कभी-कभी उससे मेरी जब मुलाकात होती, थोड़ा-बहुत अपना हाल वह धीमी पर स्पष्ट ज़ुबान में मुझसे बयान करता। किसी प्रकार उसकी माँ दिन-दिन भर पापड़ बेचने का

काम करती है, कैसे उन्हें बाप से चुराकर कारखाने में दे आती। किस प्रकार मिल मालिकों की औरतों की खुशामद करती। उनके छोटे-छोटे काम खुद भी करती और वह भी करता। उन्हीं की सिफारिश से उसे फीस नहीं देनी पड़ती और पुरानी कॉपी-किताबें मुफ्त में मिल जाती रही हैं। उन्हीं मिल मालिकों और मोहल्ले के अन्य बाबुओं से मिला विश्वास, फुलिया को जीने का साधन रहा है। उसे यह यकीन है कि लड़के को नौकरी मैट्रिक पास करते ही मिल जायेगी। फिर तो दिन उसके भी फिरेंगे।

फुलिया को पहुँचाने आया उसका पति माथा झुकाये ओसरे पर बैठा था। पक्का गेंहुआ रंग, गरीबी, शोषण और उपेक्षा की आग में जलते-जलते काला पड़ गया था। असमय झुके कन्धे, उस पर पड़े बोझ की दुहाई दे रहे थे। सिर के मैले खिचड़ी बाल चेहरे पर उभरती नसें और झुर्रियाँ पहले ही से बदरूप को और भी विकृत कर रही थी। उसे भी रोटी और ऊपर से टोले वालों की उदारता और सहानुभूति के चलते सब्जी और अचार मिला था। हमेशा खामोश रहने वाला वह व्यक्ति अचानक बोल उठा, "सब बेच-बाच कर इलाज कराया। पर जो बचपन से बिगड़ा हो उसे क्या सुधारा जा सकता है?"

वह शायद लोगों की नजरों से उठ रहे कई सवालों का जवाब दे रहा था। उन सवालों को जो वहाँ के वातावरण की खामोशी से उभरते हुए उससे टकरा रहे थे। "आप लोग यह नहीं सोचते कि आप लोगों के साथ सम्बन्ध करके मैं बर्बाद हो गया।"

इस पर काकी जो वहीं कहीं चुपचाप उबलती हुई थीं खड़ी थी, फट पड़ी "हाँ पाहुन, काहे नहीं बोलोगे। लड़की तो कंचन थी जिसे आपने मिट्टी में मिलाकर रख दिया।"

पाहुन का तेवर अभी भी नहीं बदला था– "कंचन दिया था या हीरा। मेरे लिए तो वह कोयला सिद्ध हुई। जिस दिन से इससे शादी हुई, जीना हराम हो गया। कभी चैन की साँस न ले सका।"

तभी अकस्मात एक चीख सुनकर लोग स्तब्ध रह गये। यह तिलमिला देनेवाली दर्दनाक चीख अब तक खामोश फुलिया के गले से निकल रही थी और पति को धसोरते हुए कहती जा रही थी– 'जो कुछ भी मैंने बचा रखा था, इस राक्षस ने मटियामेट कर दिया। तीन साल पापड़ बेचे थे तो एक सोने की चेन बनी थी। छः महीने मालकिन के तेल मालिश करने और बहु के लड़का होने पर सेवा-टहल करने की खुशी में यह अँगूठी बनी थी। मुआँ इस राक्षस को सहा न गया। सूँघ लीया सोने की सुगन्ध को। मुआँ मरने लगा तो मरा भी नहीं, उल्टे मुझे मार डाला। मैं तो कहती थी, "मरने दो भड़ुवा को। चुड़ैल सब कहने लगी कि पति का इलाज कराओ, नहीं तो मैं क्यों भला दवा-दारू के चक्कर में पड़ती, मरता था तो मरे। जीते-जी कौन रानी बनाकर बिठाये हुए है। जैसे तब खटती थी, वैसे पसीना अब भी बहाती हूँ। पर यह कोढ़िया मरा नहीं, मेरी पूँजी में आग लगाकर जी गया। मुझे खाते रहने के लिए। और कहता है 'सब कुछ खत्म हो गया'। भड़ुआ! कोढ़ी! इसने मुझे कहीं का नहीं छोड़ा।"

इसके और आगे फुलिया के गले ने उसका साथ नहीं दिया। आँसुओं की झरझराहट उसके सीने की आग को ठंडा करने का जरूर प्रयत्न कर रही थी। उसके बाद भी फुलिया कुछ देर तक बड़बड़ाती रही, पर स्पष्ट नहीं। कभी 'बिस्कुट' तो कभी 'साड़ी' कभी 'खिलौने' और कभी घर जैसे कई-कई अस्फुट राग उसकी जुबान पर लड़खड़ाते रहे। अन्तिम शब्द थे– "काम मत करो, कहीं बाहर मत जाओ।" फुलिया की इस बदहवास चीख और मुँह से अनाप-सनाप सुनकर उसके लड़के का खाना रुक गया था। उसके चेहरे पर कई रंग आये और गये। आँखें एकदम स्थिर हो गयी थीं और मुँह-हाथ का चलना बन्द हो गया था। वह विवश आक्रोशित नजरों से अपनी माँ को देखने लगा। पर जैसे-जैसे फुलिया का गरजना मन्द पड़ता गया, वह भी स्थिर हो गया। फिर कुछ क्षण के बाद उसके हाथ यथावत रोटी का

एक-एक टुकड़ा मुँह तक पहुँचाने लगे। उसकी चीख, पुकार सुनकर बूढ़ी मामा के मुँह से निकलता– "अरे इ पागल नहीं ये बुद्धपागल है। कौन कहेगा इसे पागल। अरे, किस्मत की मार है, और कुछ नहीं।" और वह उठकर चली गयी।

मैं उस शान्त महासमुद्र में उस चंचल, शोख फूल को ढूँढ़ने का मिथ्या प्रयास कर रही थी, जिसे गुम हुए वर्षों बीत गये थे। लोग राख के ढेर को कुरेदकर चिनगारी खोजने का प्रयास कर रहे थे। उसे बार-बार कुरद रहे थे। लोगों का यह व्यवहार, देखकर मेरा मन क्षोभ और वितृष्णा से भर गया।

बार-बार खोद-खोद कर पूछने पर कि आखिर ऐसा क्या हुआ था जिससे फुलिया ने अपनी जिन्दगी का सन्तुलन खो दिया। फुलिया के पति ने बताया कि एक दिन बस्ती में शोर हुआ कि फुलिया का लड़का भाग गया। फुलिया की आँखें किसी तरह शाम ढलने तक इन्तजार करती रहीं। पर शाम भी ढली, रात हुई, दिन भी आया-गया और सूर्य फिर डूबने को हुआ। फुलिया अपना सन्तुलन बनाये न रख सकी। कारखाने में तालाबन्दी चल रही थी बस्ती के लोग भूख के मारे बिल-बिला रहे थे। फूल की बदहवासी बढ़ती जा रही थी। वह बड़-बड़ा रही थी। हाल ही में फूल की सहेली छमिया की लाश मिली थी जिसे (किसने मारा, क्यों मारा, पता नहीं है पर) बस्ती के लोगों ने मरने के बाद रेल से कटवाने के लिए रेलवे लाइन पर डाल दिया। गाड़ी शरीर के दो खंड करती साफ निकल गयी थी और फिर एक दिन खूबसूरत सोनिया के पति की लाश मिली थी, जिसे किसने मारा, आज तक पता नहीं चल सका। न किसी ने कोशिश की और न किसी ने बताया। फिर यह रामू काका की लाश गिरी। कारखाने में तालाबन्दी चल रही थी। तीन दिन गुजर गये थे और घर के किसी प्राणी के मुँह में अन्न का दाना नहीं गया था। चौथे दिन रामू काका का पाँच साल का बेटा भूख को अँगूठा दिखाता हुआ मौत की गोद

में सो गया। सुबह हुई तो रामू काका की लाश रेल की पटरी पर क्षत-विक्षत अवस्था में मिली। मनुआ घर छोड़कर भाग गया था। किसी के पास एक मुट्ठी अन्न फालतू नहीं था जो कि वह दूसरे को दे सके। तभी फुलिया के धैर्य ने उसका साथ छोड़ दिया और वह चीखने लगी। अरे-अरे हाँ-हाँ, यह लाश, यह तो मेरे ... फुलिया ने भागना शुरू किया। मैं उसे जोर से पकड़े हुए था, और पीट रहा था। अचानक फुलिया ने अपनी समस्त ताकत लगाकर मुझको धक्का देकर गिरा दिया और घर से बाहर भाग पड़ी। पर ज्यादा दूर नहीं जा सकी। दो-चार कदम आगे बढ़ते ही गश खाकर गिर गयी। फुलिया का दिमाग गर्म हो गया था, उस बस्ती की हालत देखकर। वह पागल हो गयी।"

❐

नौ

मुझे याद है, फुलिया जब पहली बार आठ दिन रहकर ससुराल से वापस आयी तो अपनी साधारण रूप-सज्जा में भी एक स्वर्गीय कुसुम लग रही थी। चेहरे का गुलाब सा दमकता रंग सोने की तरह पीला पड़ गया था। आँखें ऐसी गहरी झील बन गयी थीं जैसे कभी उसमें कोई हलचल थी ही नहीं। उसे देखकर किसी आलीशान बैठकी की सुन्दर प्रस्तर मूर्ति की याद आती थी जो सुन्दर तो लगती है, पर निर्जीव होती है। मनकवा, मैं तथा अन्य सभी उसे घेरकर बैठी हुई थीं, पर न तो फुलिया के मुख से बोल फूट रहे थे, न मनकवा के मुँह से। सबकी खामोश निगाहें सम्भाषण कर रही थीं।

कुछ दिनों बाद फुलिया ससुराल चली गयी। पर वहाँ ज्यादा दिन टिक न सकी। सुना था कि घर के लोगों ने तीनों प्राणियों का दाना-पानी बन्द कर दिया, तब हारकर वे घर से निकल पड़े। बस, तब से पेट और भूख का लम्बा अभियान चला। पेट की आग उन्हें कलकत्ता खींच ले गयी।

हजारों गरीब बिहारियों की तरह ये तीन प्राणी भी कलकत्ता जैसी समस्याओं की नगरी में अपनी समस्या का हल खोजने पहुँच गये। एक बार कलकत्ता वास के पश्चात् फूल ने अपनी बस्ती की चर्चा की थी, उस बीच मुझे उसके अन्दर उबल रहे क्षोभ और आक्रोश की भनक साफ-साफ सुनायी पड़ी थी। उसने जो बस्ती का हाल-चाल बतलाया कि कैसे कारखाने में किसी तरह नौकरी तो मिल गयी। फुलिया ने बताया था कि "सब ओर से आँखें मोड़कर अपनी छोटी सी गृहस्थी को बसाने का प्रयास किया। पर मजदूरों की उस बस्ती

में आदमी रूपी अजीब-अजीब जानवरों को देखकर मैं दंग रह गयी थी। गरीबी से मैं अपरिचित नहीं हूँ। पर वहाँ दारिद्रय का भयंकर साम्राज्य फैला हुआ है। सबके आगे एक ही सवाल है– पेट की आग को कैसे बुझाया जाये। उनके लिए दुनिया में मान-सम्मान, इज्जत, धर्म, ईमान और सौन्दर्य सब कुछ पेट ही है। किसी को प्यार करने का मतलब है, उसे खाना खिला दो। किसी के मान-सम्मान या इज्जत का मतलब है, खाना। उस बस्ती में जितने भी लोग हैं, उनका एक मात्र ध्येय है रोटी के लिए पैसा कमाना। जितना कुछ उपार्जन कर पाते, पेट में झोंक देते। फिर भी बस्ती का हर आदमी भूखा ही रहता है। उस बस्ती का हर व्यक्ति जबतक कमाने लायक रहता, तबतक तो उसे रोटी मिलती है। बच्चे सड़क के कूड़े-करकट में से अपने काम के लायक कुछ चीजें छाँटते और उसे बेचकर अपना पेट भरते। घर की औरतें भी तरह-तरह का रोजगार करती हैं। जहाँ काम करने की शक्ति खत्म होती जाती है, आदमी भूखों मरने लगता है और अन्तत: एक दिन कीड़े की तरह भूख से बिलबिलाकर मर जाता है। वहाँ गाँधी का राम-राज्य था। किसी झोपड़ी में ताला लगाने की आवश्यकता नहीं थी। हर झोपड़ी में सम्पत्ति के नाम पर कुछ चीथड़ों और आलमूनियम के दो-चार बर्तनों के अतिरिक्त और कुछ नहीं मिल सकता है। बस्ती के अधिकांश मजदूर देहातों के निम्न वर्ग से आये हुए हैं। जानती हो न "गरीबी दुर हो सकती है पर दरिद्रता दूर नहीं होती– बाबा कहा करते थे।"

जब फुलिया ने मुझे कलकत्ता के जीवन के बारे में बताया था तब मैं थोड़ा आतंकित हो उठी थी, क्योंकि फुलिया में शुद्ध राजपूती खून दौड़ रहा था। उसमें उच्च जाति का दम्भ अभी भी मौजूद था। अभी भी उसमें स्वाभिमान नामक खूँखार जानवर जिन्दा था। इज्जत जैसी बेमानी भावना मौजूद थी और वह गाँव से सीधे बस्ती में पहुँच गयी थी अपने बच्चों के भविष्य के लिए और दो जून की रोटी के वास्ते।

फुलिया ने इस तथ्य को स्वयं स्वीकारा था कि खूबसूरत और सवर्ण होने के चलते ही उसे मिल-मालिकों की विशेष सहानुभूति प्राप्त थी। इन मालिकों की बड़ी-बड़ी आलीशान इमारतें बस्ती के समानान्तर खड़ी थीं। फुलिया ने एक बार मुझे यह बताया था कि उन इमारतों की चकाचौंध भी बहुत तीखी थी। रंगीन बल्वों और मरकरी की सफेद दुधिया रोशनी कितने आँखों में सपने जगाने का काम कर जिस प्रकार कुरूपता के सामने ही सुन्दरता की आभा द्विगुणित होती है, उसी प्रकार बस्ती के अन्धेरे के मुकाबले इन इमारतों की रोशनी और भी आकर्षक और भी रंगीन दिखायी पड़ती थी। बस्ती के कई घरों में यह तेज रोशनी प्रवेश कर वहाँ का सबकुछ हजम कर चुकी थी। कितनी आँखों की रोशनी को मिटा चुकी थी। कितनों के सपने को मटियामेट कर चुकी थी।

ऐसा कुछ-कुछ फुलिया को भी लगता। उस चौंध से उसका भी मन मोहित होता और वह आहत महसूस करती। फूल ने एक बात कही थी कि 'मरते हैं सब, जीते हैं सब, फिर आदमी क्यों अपने को जप्त करता है। दूसरे का दमन पाप है और अपना दमन पाप नहीं है। काश! मैं भी लोक-लाज को छोड़कर देव के साथ भाग जाती। यहाँ तो बाकी सब छोड़ो, दो जून का भोजन जुटाने में ही चौबीस घंटे गुजर जाते हैं। अगर मैं भी धनवा या सावित्री की तरह हो जाऊँ तो क्या फर्क पड़ेगा? इस तरह से तिल-तिल कर घुटने से मुझे क्या मिल जायेगा। इस समाज को क्या मिल रहा है? यह कैसी जिन्दगी है? एक गन्दे वनमानुष को समर्पित होने में इज्जत है और एक खूबसूरत और जवान को समर्पित होने में नाक कटती है।" यह कहते-कहते फुलिया स्वयं पर मुस्कुरा उठी थी पर कभी इस द्वन्द्व से उबर नहीं पाई। फूल के उस सवाल, उस आक्रोश का जवाब न उस समय मुझे सूझा और न ही आज। बल्कि आज तक मेरे जेहन में वह सवाल अपना जवाब माँग रहा है।

फुलिया जब भी मुझसे मिली, एक सवाल हमेशा पूछती– 'क्या इसी का नाम जिन्दगी है' और खामोश रहने पर भी बोलती गयी– "मेरी पूरी जिन्दगी अकारथ हो गयी है। क्या किया है मैंने अबतक जी कर। इससे तो अच्छा है, इस जिन्दगी को ही खत्म कर दूँ। जानती हो, मैंने अपने पति से आजतक कभी प्यार नहीं किया। वह बदसूरत है, जंगली है। बस्ती के लोग उसे वनमानुष कहते हैं, पर वह जानवर नहीं है। जानवर कभी रोता है? कभी-कभी वह हद से ज्यादा उदास हो जाता है। कभी पास आता है तो डर-डर कर। पता नहीं, उसके पास आते ही क्या हो जाता है? इच्छा होती है, लात मारकर परे ढकेल दूँ। पर नहीं, कुछ भी नहीं कर पाती। दिन भर का थका-हारा लड़का घर में सोया रहता है। हो-हल्ला के चलते चुपचाप लगा जाती हूँ। पर पता नहीं, उसे कभी-कभी क्या हो जाता है? छोटी से बात पर इस कदर बिगड़ उठता है कि मारने-पीटने लगता है।

कभी-कभी टक-टकी लगाकर प्रकाश बाबू की कोठरी से आती हुई रोशनी को देखती रहती हूँ। प्रकाश बाबू ने कितनी बार आश्वासन दिया है", तभी फुलिया के गले में कोई चीज अटकती है। यह चीज और कुछ नहीं थी बल्कि पन्द्रह साला के बेटे की खामोश निगाहें होती थीं।

फूल ने ऐसे ही एक बार कहा था– "वह तो अब सुनते-सुनते थक गयी है कि मर्द एकदम वनमानुष है और मेहरिया इतनी सुन्दर। आस-पास के लोग यही सोचते हैं कि यह आदमी औरत को भगाकर लाया है। मुझे उनकी बुद्धि पर तरस आता है।" फूल ने बहुत सारी बातें बस्ती के बारे में तथा अपने बारे में बतायी थीं कि कैसे फूल के कारण ही बाबू लोग फूल के लड़के से सौदा-पानी करवाते और बदले में उसे चन्द सिक्के मिल जाते। फूल खुद भी कभी-कभार बाबुओं के घर जाकर उनकी पत्नियों का छोटा-मोटा काम कर देती। मर्द को जब भी तनख्वाह मिलती, खूब पीता और नशे में लौटने पर दुनिया

भर का गुस्सा फुलिया को मार-मार कर उतारता। जबतक उसके हाथ में पैसा रहता, यही क्रम चलता रहता। पैसा खत्म होते ही वह खुद भी शान्त हो, गम्भीर बन जाता। फुलिया को अब उससे मतलब नहीं के बराबर रह गया था। जो कुछ वह बच्चों के लिए पका पाती, उसमें से थोड़ा-सा पति के आगे बिना पूछे डाल देती। पति भी चुपचाप खाकर किनारे हो जाता। फुलिया पति और बेटे के घर से बाहर रहने पर चोरी-चुपके पापड़ बेलती और कुछ पैसा जोड़ने की कोशिश करती ताकि कारखाने में जब ताला-बन्दी हो तो कम से कम भूख से कराहते हुए अपने बच्चों को थोड़ा शान्त कर सकें, क्योंकि कारखाना जब भी बन्द होता, बस्ती से दो-चार लाशे अवश्य निकलतीं– भूखमरी जैसी महामारी का शिकार होकर। किसी के मरते ही बिना कफन के उसे सड़क के किनारे डाल दिया जाता, और बाबुओं की सिफारिश पर कॉरपोरेशन की गाड़ी आकर उसे उठा ले जाती। जब-जब बस्ती में ऐसी घटना घटती, फुलिया को अपनी उस लड़की की याद आती जिसने दवा के अभाव में कभी इसी तरह तड़प-तड़प कर दम तोड़ दिया था।

फुलिया का बेटा जब कभी मिलता– घर-बार की बात करता। इससे परे उसके लिए दुनिया में और कुछ नहीं है, मुझे हमेशा यही लगता। एक बार ऐसे ही बातचीत के दौरान उसने लम्बी साँस लेते हुए कहा था, "मुझे मालूम है कि मेरी पढ़ाई किन शर्तों पर माँ चला रही है। मुझसे जितना भी होता है, मैं कोशिश करता हूँ। स्कूल जाने के पूर्व दो-चार घरों का सौदा-पानी कर देता हूँ। उससे भी दो-चार पैसा मालकिन लोग खुश होकर दे देती हैं। चुपचाप खून का घूँट पीकर सहता हूँ और माँ के हाथ में लाकर उन पैसों को देता हूँ। स्कूल से लौटने पर कारखाने के कूड़े-करकट में से टीन बेचकर पैसे माँ को देता हूँ। पर मौसी जानती हो, माँ अजीब है। इतना करो, तो भी उसकी आँखों में पानी ही पानी दिखायी पड़ता है। कुछ नहीं करो तब

पैसे के लिए रोयेगी। मुझे बड़ा अजीब लगता है। माना कि हम गरीब हैं, पर क्या गरीब होने की वजह से आदमी हमेशा झंखता रहे? इसी के चलते आज तक माँ से मैंने कभी अपने लिए पाँच पैसे नहीं माँगे होंगे! कोर्स तक की किताब इधर-उधर से माँग कर पढ़ लेता हूँ। तब भी माँ को चैन नहीं।"

मैं खामोशी से उस लड़के की जुबान में छिपी कसमसाहट को गले से नीचे उतारने का प्रयास कर रही थी। किन्तु वह शान्त, पर दृढ़ नजरों से ताकते हुए बोलता जा रहा था– "बाबूजी से छुपाकर वह पापड़ बेलती है जिसका जब भी बाबूजी को गुमान होता है, उसको मारते-मारते अधमरा कर देते हैं। कहते-कहते उसकी आवाज थोड़ी लड़खड़ायी पर फिर सम्भल गयी और वह बोलता गया, मानो अन्दर का लावा फूट रहा हो, "क्या एक वक्त खाकर आदमी जिन्दा नहीं रह सकता। हमारी बस्ती में कितने लोग रोज दोनों जून खाना खाते हैं? पर क्यों दोनों वक्त खिलाने के लिए हाड़-तोड़ परिश्रम करती है। फिर भी कभी नमक-रोटी, कभी माँड़-भात और कभी-कभार दाल-भात ही बना पाती है।" उस किशोरवय के लड़के की दुनियादारी की समझ देखकर मैं चुप हो गयी थी।

इस कटु सत्य को सुनते-सुनते मेरे कानों में फुलिया के झूठ का दर्द गूँजने लगा कि वह अपने बच्चों को दाल-भात और तरकारी खिलाती। कभी-कभार दुकान से दही मँगा देती है। बाबू लोग जो दो-चार आने पैसे उसे देते हैं, वह लड़के को खाने को दे देती है कि उसका लड़का गरीबी की मार से कहीं कुम्भला कर सूख न जाये।

फुलिया जब कभी अपने लड़के की पढ़ाई का जिक्र करती थी, उसकी आँखों में एक खुशी की लहर जरूर लहरा जातीं। बड़े प्यार से अपनी नन्ही बिटिया का सर सहलाते हुए कहती, "मैट्रिक पास करते ही कारखाने में उसे नौकरी दिलवा दी जायेगी। पर मैं उसको मैट्रिक पास करके नौकरी नहीं करने दूँगी। इसी उम्र में नौकरी करेगा तो वह

बचेगा? कारखाने में काम करने वाले बच्चों को जल्दी रोग लग जाता है। पता नहीं उनको कौन सा रोग लगता है कि कभी ठीक ही नहीं हो पाते और वैसे ही रहते-रहते एक दिन मर जाते हैं। मैं तो उसको जैसे भी होगा, बी.ए. तक पढ़ाऊँगी। बी.ए. कर जाने पर उसे कारखाने में लिखा-पढ़ी वाली नौकरी मिल जायेगी। वह भी छोटा-मोटा बाबू बन जाएगा।"

फिर लड़की का माथा चूमते हुए कहती– "इसको ज्यादा नहीं कॉरपोरेशन के स्कूल में चौथी-पाँचवीं तक पढ़ाऊँगी, तब तक लड़का कमाने लगेगा। इसकी शादी अच्छे घर में करूँगी ताकि कम से कम मेरी बेटी को दो मुट्ठी अन्न तो इज्जत और सुकुन से मिले।"

एक बार ऐसे ही फुलिया अपनी लड़की और लड़के के साथ आयी थी, पति से झगड़ा कर। लड़का छोड़ने आया था, अपनी माँ को। भेंट होने पर बड़े भारी मन से बोला– "माँ पर तो जैसे भूत सवार रहता है। बाबूजी से झगड़ती रहती है। कभी भी मैंने उसे शान्ति से बातें करते नहीं देखा। अलमूनियम की थाली में माँड़-भात इतने जोर से पटक कर देगी कि दूर-दूर तक छींटा उड़ जाता है।"

मैंने धीरे से कहा, "अब तुम्हारी माँ कभी नहीं सुधरेगी।"

लड़के ने फिर कहा– "जानती हो मौसी, माँ ज्यादा बिगड़ती है, बाबूजी पर, धानों से बात करने के लिए। अगर वह खुद नहीं बात करती तो दूसरों को क्यों मना करती है? जब भी बात करते देख लेगी, घर में कोहराम मच जाता है। ऊपर से बस्ती के लोगों की निगाह झेलना और मुश्किल हो जाता है। माँ खुद जब प्रकाश बाबू से बात करती है तब क्या बाबूजी को बुरा नहीं लगता। प्रकाश बाबू माँ से हमेशा कहते हैं–लड़के को पढ़ने दो, नौकरी दिलवा दूँगा।" पर मैट्रिक से आगे नहीं पढ़ूँगा। कारखाने में मुझे नौकरी मिल जायेगी। पर ऐसा कहने पर माँ चिढ़ती है, और गुस्साने लगती है। पर क्या करूँ। गरीब आदमी कितना पढ़ेगा, कब तक पढ़ेगा। कहने को तो

सभी कहते हैं– “पढ़ो-पढ़ो । पर है कोई ऐसा जो थोड़ी मदद कर दे।”

तभी फुलिया आ खड़ी हुई थी और वह चुप लगा गया था। पर इस बार फुलिया ज्यादा दिन ठहरी नहीं और कलकत्ता लौट गयी। फुलिया को अब अपने बेटे से भी डर लगने लगा था। बेटे की आँखों में कभी-कभी नफरत और गुस्से की आग भड़कती, उसे सह पाना उसके लिए सम्भव न था।

❒

दस

फुलिया की नजर जब कभी मुझपर पड़ी, उसकी आँखों में एक मुस्कान तैर जाती। फुलिया अब अजूबा नहीं थी। उसको लेकर किसी को कोई परेशानी नहीं थी। वह अपनी बेटी को सीने से चिपकाये दिन-दिन भर घर के पिछवाड़े को झाड़ियों में पड़ी रहती है। उन झाड़ियों में लोग नहीं बैठते थे। कारण, कई बार वहाँ साँप देखे गये थे। लोग कहते है, साँप भी उससे भय खाता है। अकवन के पत्ते को मसल कर फुलिया उसमें से सफेद दूध निकालती। कभी उसे लड़की के चेहरे पर मलती, कभी उसकी आँखों में उसी का काजल लगाती, मैंने कितनी बार मना किया– "फुलिया लड़की की आँख खराब हो जायेगी, इसमें जहर होता है।"

फुलिया हँसकर कहती–"यह जहर है, नहीं तो। यह तो शीशीवाला कीरिम है। यही तो बाबुओं की मलकिनी सब चेहरे पर लगाती हैं। प्रकाश बाबू की रिकी कितनी सुन्दर लगती है। एकदम गुलाब के फूल की तरह।"

फुलिया कभी-कभी साड़ी भी लपेट लेती थी। कभी-कभी गंगा नहाने भी भाग जाती थी। बिखरे बाल, अस्त-व्यस्त कपड़े और सीने पर चमगादड़ की तरह अपनी बेटी को चिपकाये जब फुलिया गंगा किनारे पहुँचती, देखने वालों की भी कमी न रहती और ना ही सहानुभूति दिखाने वालों की।

फुलिया बड़ी बेदर्दी से अपनी नन्ही बच्ची को लहरों पर उछाल देती। बच्ची डुबकियाँ लगाते हुए दहने लगती। फिर पीछे से दौड़कर पानी में छलाँग लगाती और हाय-हाय करती बच्ची को पकड़ लेती।

हँसकर कहती– 'ओ हो हो तू डूब रही थी, नहीं नहीं, रोना मत। मैं तुझे डुबने नहीं दूँगी।"

फुलिया एक क्षण के लिए भी बच्ची को किसी को नहीं देती। इसी तरह लेकर नहाती, तैरती और फिर लड़की को सीने से चिपकाये भींगी फटी साड़ी में घर की ओर दौड़ पड़ती।

उसके घर पहुँचते ही भाई उसे वैसी हालत में देखता, और पीटना शुरू कर देता। उसे जितना मना किया जाता कि बाहर मत निकल, वह उतना ही बाहर की ओर भागती थी।

×××

मुझे अभी भी याद है, फुलिया को आये हुए एक महीना भी नहीं हुआ था। गाँव वालों का कहना था कि 'वह पागल नहीं है, भूत-प्रेत के झटके में है।' फुलिया ओझा के पास जाना नहीं चाह रही थी। उसे जोर-जबर्दस्ती से कपड़े पहनाये जा रहे थे। साड़ी तो किसी तरह से उसकी माँ ने पहना दी पर ब्लाउज फुलिया पहन ही नहीं रही थी। माँ को उसने ऐसा धक्का दिया कि गिरने के कारण उस बेचारी के घुटने फूट गये। गाली देती हुई वह अपने लड़के को बुला लायी। भाई को देखकर फुलिया कुछ ठिठकी, पर फिर जिद्द करने लगी। भाई ने आते ही तीन-चार डंडे जमा दिये। भय खाकर फुलिया थोड़ा स्थिर हुई, पर भाई के मुड़ते ही ब्लाउज के उसने तार-तार कर डाले, और लगी साड़ी को फाड़ने। उसके बाद जो मार पड़ी, फुलिया कराहते-कराहते पस्त हो गयी। उसमें जब उठने की ताकत भी शेष न रही तब किसी तरह घसीट कर उसके भाई ने घर में ले जाकर बन्द कर दिया फिर ओझा (झाड़फूँक करने वाले) को बुलाया गया। घर में जाकर ओझा ने अन्दर से दरवाजा बन्द कर लिया, भूत भगाने के लिए मिर्चे और लोबान के धुएँ से सारा घर भर दिया और मन्तर पढ़ने लगा। फिर उसने जो कुछ भी कहा, फुलिया ने डर कर कबूल कर लिया। जाते-जाते ओझा ने पीपल के टूसे को उसके कान में लगा दिया। टूसा बाद

में निकाला गया पर कान में ही वह टूट चुका था। इससे कान पककर दर्द करने लगा। घाव के दर्द से फुलिया चार-पाँच दिन एकदम शान्त रही। उसके घरवालों ने समझा, भूत उतर गया और फुलिया अब ठीक हो गयी है। पर कान का दर्द जब ज्यादा बढ़ गया और फुलिया रोने-चीखने लगी, तब जाकर उसके शान्त होने का रहस्य खुला था। किसी तरह कान से पीपल के टूसे को निकाला गया। पाँच-छ: रुपये की दवा लगी, तब जाकर घाव ठीक हुआ था।

अब फुलिया का इलाज नहीं होता। घर के लोग उससे तंग आ चुके थे। बाद में टोले के एक धनी परिवार ने सरकारी अस्पताल से फुलिया का मुफ्त इलाज शुरू करवाया। वह सिलसिला भी अधिक दिन तक न चल सका।

उस दिन फुलिया न जाने किधर से निकल कर एकदम मेरे सामने आकर खड़ी हो गयी थी। हाफ पैंट पहने, सीने से बच्ची को चिपकाये, लाल-लाल आँख किये, बिखरे बालों में किसी प्रेतिनी-सी फुलिया एक बार तो मुझे सिर से पैर तक सिहरा गयी। धीरे-धीरे उसके होंठ खुले– 'मुझे कुछ खाने को दो' और वहीं जमीन पर बच्ची को लिटा खुद भी बैठकर जूँ निकालने लगी। तभी उधर से मनकवा गुजर रही थी। उसने यूँ ही चलते-चलते कहा– 'फुलिया फिर बाहर निकली है, फिर मार पड़ेगी।' फुलिया ने धीरे से मनकवा की ओर नजर घुमायी और कहा– 'मार हाँ मार' और जोर-जोर से रोने लगी।

सुबह ही फुलिया सड़क पर भाग गयी थी जिसके कारण भाई ने आँगन में लिटा कर लाठी से जी भरकर पीटा था। फुलिया को शायद वही दर्द अब महसूस हो रहा था। और वह जहाँ-जहाँ ज्यादा चोटे आयी थीं, उन जगहों को सहला-सहला कर बिलखने लगी। भाई जैसे ही मारकर घर से निकला, फुलिया अपनी माँ पर बाघिन की तरह झपटी– "तूने ही मुझे मार खिलायी है। तूने ही कहा होगा कि फुलिया भाग गयी।" किसी तरह से लोगों ने उसकी माँ को छुड़ा

दिया। उसे फुसला कर फिर से पेट के ऊपर साड़ी लपेट दी गयी। साड़ी बाँधते समय पहले तो उसने बड़ा ना-नुकूर किया, फिर बड़ी शालीनता से साड़ी बाँधवा ली और सिर पर आँचल डालकर बैठ गयी। अब वह किसी भूले-बिसरे गीत की कोई कड़ी टूटे-फूटे स्वरों में गुनगुनाने लगी थी। गाते-गाते रोने लगती। रोते-रोते हँसने लगती और हँसती ही गयी– हँसती ही गयी। तभी तमाशायी धीरे-धीरे सोचकर खिसकने लगे कि इस समय माथा ज्यादा गर्म है, भीड़ से और खौंफ खायेगी और फुलिया घर के पिछवाड़े से ही गीत गाये जा रही थी– 'मोरो कुसुमी रे चुनरिया इतर गमके, मोरा मुख चमके ...।'

इसी बीच मैं रोटी-तरकारी ले आयी थी। जैसे ही बढ़कर फुलिया को देना चाहा, फुलिया ने झपट के मेरे हाथ से खाना छिन लिया। उसके झपटने से आधी सब्जी जमीन पर गिर गयी। फुलिया उसी झटके से सब्जी उठाकर रोटी के साथ बड़े-बड़े कौर निगलने लगी। उसके खाने के ढंग से एकाएक मुझे उबकाई महसूस हुई, क्योंकि उसके चबाये हुए रोटी के टुकड़े कभी-कभी बाहर गिर पड़ते थे। तभी उसे अपनी बच्ची की याद आयी और रोटी का एक टुकड़ा उसके मुँह में भी ठूँसने का प्रयास किया। मुँह में रोटी ठूँसते हुए कहती जाती थी– खा-खा, क्रीम बिस्कुट खा ले, और फिर रोटी खुद खा जाती।

×××

उस दिन मुझे बड़ा ताज्जुब हुआ था। रग्घु काका की भतीजी की शादी थी। उनका घर फुलिया के घर के ठीक सामने पड़ता था। फुलिया भीड़ या हल्ला में पड़ने पर और अधिक भड़क उठती थी। समस्या थी कि फुलिया को कहाँ और कैसे रखा जाये कि बारात के सामने वह न निकल पाये। आखिर गाँव की इज्जत का सवाल था। रघु काका ने ही आखिर समस्या का हल निकाला। गाँव की इज्जत और मान-सम्मान का मामला था।

उधर बाराती दरवाजे पर पहुँचने-पहुँचने को हो रहे थे, इधर

फुलिया के लिए भर पतल मिठाई, पुड़ी और तरकारी लेकर रघु काका ने उसे घर के पिछवाड़े बिठा दिया। रग्घु काका की छत से फुलिया के घर का पिछवाड़ा दिखायी पड़ता था।

बाराती-जन नाश्ता कर रहे थे, बैंड-बाजा अपना कमाल दिखा रहे थे और औरतों की मंडली छत पर से प्यार भरी गालियों से बारातियों का स्वागत कर रही थी। छत पर खड़ी महिलाओं और बच्चों ने देखा फुलिया बिल्कुल नंग-धड़ंग अपनी लड़की के साथ पत्तल के चारों तरफ नाच-नाचकर खुशी मना रही है और गाये भी जा रही है। सभी औरतों ने उसे देखा, पर उसने किसी को न देखा। सभी ने यह कहते हुए उधर से नजर फिरा ली कि बाजे-गाजे और भीड़ के कारण फुलिया का माथा गर्म हो रहा है।

उधर सालों की भूखी फुलिया भर पत्तल खाना पाकर मानव जाति के आदिम-युग में लौट गयी थी।

×××

तीन साल तक फुलिया पागलपन को झेलती रही। साल में गर्मियों की छुट्टी में बेटा आकर एक बार देख जाता। गाँव वाले भी फुलिया का ख्याल रखते कि कहीं वह भागकर सड़क पर न चली जाये या रेलवे लाइन पर न चली जाये। टोले-मोहल्ले के स्नेह सौगात एवं सरकारी अस्पताल की दवाइयों से फुलिया ठीक हो चली थी। तब तक उसका बेटा मैट्रिक पास कर चुका था। दुनिया को समझने-बुझने की ताकत उसमें मैट्रिक पास करते-करते आ चुकी थी। एक दिन आकर माँ को विदा करा ले गया कलकत्ता। फुलिया कलकत्ते पहुँच गयी। मेरा भी गाँव आना-जाना कम हो गया। कहीं से सुनते-सुनाते खबर उसकी कभी-कभी मिल जाती थी। वो खबर आश्वस्त करने के लिए काफी थी। अब वह होश में थी। फिर उसे अपने बच्चों के भविष्य की चिन्ता सताने लगी। पर बेटे की समझदारी के आगे चुप रहती। घर का काम करती। बाप उसी तरह आधी कमाई पी जाता

और कुछ घर में दाल-रोटी के लिए दे देता। फुलिया लड़ाई-झगड़ा नहीं करती। उसका विद्रोही मन अब शान्त हो चला था। उसे न गुस्सा आता और न ही उसकी आँखों में नफरत की ज्वाला भभकती। बेटे ने उसी उम्र में घर की जिम्मेदारी उठा ली थी और छोटे-मोटे काम करते हुए अपनी पढ़ाई जारी रखे हुए था। लड़के की तीक्ष्ण बुद्धि एवं हालत को देखते हुए बस्ती के बाबुओं ने भी थोड़ा-बहुत सहयोग जारी रखा। फुलिया बेटे से आश्वस्त थी और पति से निराश। उसी बदहाली में बेटे ने इन्जीनियरिंग की परीक्षा भी पास कर ली। फुलिया की अन्धेरी जिन्दगी का अन्त होने को आ गया था। दो-चार सालों में लड़का इन्जीनियर बन गया। समाज में अचानक पद-प्रतिष्ठा दोनों आ गये। फुलिया आश्वस्त हो गयी कि उसके बच्चे बच गये और अब उसकी बेटी का भविष्य अंधकारमय नहीं होगा। बेटा बड़े अरमान से नौकरी मिलने पर कलकत्ते की उस गन्दी बस्ती से अपनी माँ-बहन-बाप-भाई को दूसरे शहर में ले गया। गाँव में सब लोगों ने चैन की साँस ली कि 'चलो फुलिया के दिन सुधर गये। बेचारी ने बड़ा दुःख सहा।' 'चलो भगवान के घर में देर है, अंधेर नहीं।' इधर फुलिया के माता-पिता के भी दिन बहुरे। उसके छोटे भाई अब शहर में अच्छी कमाई कर रहे थे। गाँव में नया घर बनवा लिया। गिरवी पड़े खेत छुड़वा दिये और एक भाई जो गाँव के पास ही नौकरी करता था, को घर पर छोड़कर दूर शहर में जाकर नौकरी करने लगे। पर यह सब देखने के लिए फुलिया के माता-पिता जिन्दा नहीं रहे। बेटी के बर्बाद जीवन और तंगीहाली से आक्रान्त हो जल्दी ही इस दुनिया से विदा हो गये। फुलिया को ठीक-ठाक देख मन को शान्ति तो मिली, पर उसके मन की दशा को नहीं जान सकी, क्योंकि फुलिया की मुखरता हमेशा के लिए समाप्त हो चुकी थी। ऐसा लगता था, मानो किसी चीज की जरूरत ही नहीं हो। मन भी शान्त, आँखें भी शान्त, न कोई आशा न कोई निराशा। ❐

ग्यारह

कई वर्षों के पश्चात गाँव आना हुआ था। बहुत कुछ बदल गया था। बड़े चाव से गंगा स्नान करने गयी। पर गंगा नदी की सुखती धारा ने सारा उत्साह समाप्त कर दिया। पहली धारा तो सूखकर खेतों का हिस्सा बन चुकी थी पूरा-पूरी। दुसरी धारा भी घुटने और कमर तक पानी वाली बन चुकी थी। सिर्फ बची थी तीसरी धारा जो काफी दूर थी और फिर फिसलन वाले किनारे थे, लोगों के लिए इतनी दूरी रोज तय कर पाना मुश्किल हो चुका था। धीरे-धीरे गाँव के लोगों ने गंगा स्नान करना ही बन्द कर दिया था। गंगा की सूखती जा रही धारा, दुनिया में बढ़ रहे प्राकृतिक और मानवीय प्रदूषण का गवाह थी जिसका परिणाम, लोगों ने खासकर औरतों और लड़कियों का गंगा स्नान करने की प्रथा का खात्मा कर दिया था। अब लोग शादी-ब्याह के समय गंगा-पूजा के लिए या मवेशी धोने के लिए या शवदाह करने के लिए ही गंगा किनारे जाते थे। बाद बाकी काम के लिए सबके घर में हैंड पम्प और कुएँ का इन्तजाम कर लिया गया था ताकि महिलाओं और लड़कियों को नहाने-धोने के लिए बाहर जाने की जरूरत न पड़े क्योंकि समय ठीक नहीं है, बड़ा अजीब महसूस हुआ। नदी में नहाने के कारण गाँव के हर टोले से बूढ़ी-जवान औरतें और लड़कियाँ रोज यहाँ इकट्ठी होती थीं। जवान लड़कियों का जमावड़ा वातावरण को चंचल और शोख बना देता था। एक साथ नहाने का फायदा, बूढ़ी औरतें घर भर के कपड़े धोने के साथ-साथ आपस में बोल-बतिया कर अपना मन भी हल्का कर लेती थीं और जवान और छोटी बच्चियों की तो मस्ती का एक मात्र अखाड़ा था, जहाँ वे

जी भरकर खेलती, कूदती, मस्ती करती थीं। सुबह के चार बजे से लेकर दोपहर 10-11 बजे तक इस पगडंडी से लोग गंगा स्नान के नाम पर आते-जाते रहते थे। गाँव आकर मन को बड़ा संतोष मिलता था। पर इन बीस वर्षों में न जाने कैसे गाँव का हुलिया तो बदल ही गया पर यह परिवर्तन गाँव के विकास का कम, ग्रामीण संस्कृति के सुन्दर और स्वस्थ परम्पराओं के विनष्ट होने का ज्यादा सूचक था। गाँव पहले धूल-धूसरित जरूर था पर गन्दगी और भ्रष्टाचार नहीं दिखायी पड़ते थे। यहाँ के लोग सभी छोटे-बड़े किसान थे। आपस में लड़ते-झगड़ते भी थे पर सामूहिक कार्य में एकजुट हो अवश्य भागीदार बनते थे। खासकर शादी-ब्याह, मरनी-जीनी या फिर गाँव की प्रतिष्ठा से जुड़े अन्य सवालों पर। शहर की तरह अब गाँव का हर घर अकेला था। अपने-अपने सुख-दुःख के साथ। पहले सिर्फ लड़के ही पढ़ते थे पर अब लड़कियाँ भी गाँव की पाठशाला के पश्चात जिला स्तर के स्कूल-कॉलेजों में शिक्षा ले रही थीं। देखकर अच्छा भी लगा। पहले जहाँ ज्यादातर लोगों के घर खपड़ैल के थे जो अब ज्यादातर घर पक्के मकानों में तब्दील हो गये थे। सबकुछ तरक्की पर था पर सिर्फ उन्मुक्तता का वह माहौल नहीं था। गाँव के लोगों की सामूहिक खुशी, होली, दशहरा, छठ, दीवाली आदि मनाने का रिवाज भी अब सिर्फ नाम के लिए रह गया था। सिर्फ रस्म अदायगी शेष थी और कुछ नहीं। सबसे बुरी अवस्था औरतों की थी।

सभी अपने-अपने घरों में मानों समय गुजर रही थीं। घर-गृहस्थी संभाल रही थीं। जवान लड़कियाँ घर का काम करने के पश्चात या तो पढ़ाई करती या अपने छोटे भाई-बहनों को पढ़ना-लिखना सिखाती। रेडियो या टेलीविजन ज्यादातर के घरों में कब्जा जमा चुके थे।

जिस कुएँ की जगत के पास विशालकाय आम के वृक्ष के नीचे दोपहर के वक्त बच्चों एवं लड़कियों का जमावड़ा लगता था, जहाँ वो सिना-पिरोना, नाचना, गाना, झूला-झूलना तथा छोटे-छोटे भाई-

बहनों को बहला-फुसलाकर रखना इत्यादि काम खुशी-खुशी करती थी, उस विशाल उदास कुएँ के जगत को देखकर मन उदासी से भर गया। न वो आम वृक्ष रहा ना वो महफिल रही ना ही उन जमाड़ों के हँसी-ठिठोली की गूंज ही सुनने को मिली। बस उदास कुआँ वहीं मुँह बाये मुँह चिढ़ा रहा था, अब उसके मीठे पानी की जरूरत भी किसी घर को नहीं थी, नहीं तो इसी कुएँ के पानी से सब घरों की दाल गलती थी। इसी कारण इस कुएँ के पास हमेशा भीड़ लगी रहती थी। उस वक्त के सारे बुजुर्ग भी गायब थे। एकाध घरों में उसमें से कोई-कोई बुजुर्ग महिला बची हुई थीं। उदास खटोले पर लेट कर या बैठकर दिन गुजारते हुए। मेरे नाना-नानी भी अब नहीं रहे थे जिनके चलते या बहाने से मैं हर छुट्टियों में यहाँ चली आती थी। इस बार तो घर में ताला खोलकर आना पड़ा था। मन एकदम से उदास हो गया था। यह देखकर कि अब इस गाँव के लोगों ने भाई-चारा तो भुला ही दिया था। साथ-साथ शहरों की तरह अपने काम से काम रखना और अपने घर तक सीमित रहना भी सीख गये थे। किसी को किसी पर विश्वास रत्ती भर भी नहीं रह गया था। लड़कियों या औरतों का अब समय निकाल कर बिना पूछे एक-दूसरे के घर जाकर मिलना-जुलना भी बन्द हो गया था। सात घरों का यह टोला आज 25 घरों का टोला बन चुका था। पर कुछ-एक घरों को छोड़कर बाकी घरों में लोगों की संख्या इतनी कम थी कि मुर्दानी छायी हुई थी, क्योंकि गाँव के जवान होते लड़के खेती-बारी से दूर शहर की तरफ मुखातिब हो चुके थे जिनके लिए सात, घर पच्चीस घर बने, वही नदारद थे।

गाँव की सादगी, माहौल और विचार का खुलापन सब न जाने कहाँ खो गये थे। मन मेरा विद्रोह करने लगा और अन्दर-ही-अन्दर यह विश्वास दृढ़ होता गया कि अब यहाँ आने का कोई मतलब नहीं रहा। यूँ ही मन विचार कर रहा था कि क्या तरक्की का आशय यही है कि माहौल से हँसी-खुशी, चैन-सुख, विश्वास-आत्मीयता, सहानुभूति

सब गायब हो जायें। यूँ बैठे सोच रही थी कि पता चला कि रघु काका की माँ अभी जिन्दा है। सोचा चलो उनसे मिला जाये। बेचारी बचपन में कितना सपोर्ट करती थी, लड़कियों को। दूसरी महिलाओं की तरह कभी लड़कियों को कोसती नहीं थी बल्कि उनके संग बैठकर उन्हीं के रंग में अपनी तमाम परेशानियों को भूल जाया करती थीं। हमेशा हम लोगों के साथ बैठकर हँसी-खुशी समय बिताया करती थीं। उनकी एक बात मुझे हमेशा याद रही। हम लोगों की मंडली में वो हमेशा यह बोलते हुए शामिल हो जाती थीं, "कौन बुढ़िया के संग बैठकर केवल दुःख-दर्द की चर्चा सुनेगा। जीवन में तो दुख-दर्द बना ही रहता है। तुम लोग जवान हो, हमेशा हँसी-खुशी में डूबी रहती हो और हँसती रहती हो। तुम लोगों के साथ बैठने में मजा आता है। जानती हो न कि 'जहाँ बुढ़ियों का संग, वहाँ खर्ची के दन, जहाँ छौड़ीन के संग वहाँ बाजे-मृदंग।' और जोर-जोर से हँसने लगती थीं।

चलो उन्हीं से पहले मिल लें। दस कदम पर उनका घर था। तुरन्त पहुँच गयी। नानी आँगन में ही चरपाई पर लेटी हुई थी, प्रणाम किया पर कोई जवाब नहीं मिला। तभी मामी आयी और कई बार मुँह कान के पास ले जाकर समझाने के पश्चात नानी ने मेरी ओर मुड़कर देखा। मुझे फिर एक धक्का लगा, अनुमान नहीं कर पायी थी कि हमेशा खुश एवं स्वस्थ रहने वाली नानी, दुनिया से इस कदर बेजार हो चुकी हैं। बड़ी मुश्किल से हाल-चाल बता पायीं। पर कुछ खास जानकारी नहीं मिल पायी। खासकर फुलिया के बारे में। फुलिया का नाम सुनते मामी चाय लेकर हाजिर थी। हँसकर बोली, अरे दीपा! अब इया कुछ नहीं समझती। अब तो पूजा-पाठ भी छूट गया है। तुम तो हमलोगों को भुला ही बैठी!"

उनको देने के लिए मेरे पास कोई जवाब नहीं था सो मैं चुप रही। इतना ही कहा, "अब फुर्सत कहाँ?" मन-ही-मन बोली घर-गृहस्थी का ऐसा चक्कर चला कि इन बीस वर्षों में दुनिया कहाँ से कहाँ पहुँच

गयी। मुझे पता ही नहीं चला और पता क्या चलता, जब खुद को ही भुला बैठी। बाकी हाल-चाल लेने के पश्चात मामी ने फूल का जिक्र सुनते ही कहा– अरे फुलिया तो अब आती ही नहीं है और अब कौन माँ-बाप जिन्दा हैं। जिनके बुलावे पर वह आयेगी।"

मामी लम्बी साँस लेते हुए– भाई-भौजाई किसको पूछता है– जो बेचारी आये। बेटा-बेटी की शादी में तो बुलाया ही नहीं और ऐसे बुलाने का तो सवाल ही नहीं। जानती है न, सुख में सब याद करते हैं पर दुख में कौन किसको पूछता है?"

मैंने प्रसंग को आगे बढ़ाया, उसके बेटे की शादी की बात सुनी थी।

– हाँ-हाँ शादी तो बेटे की बड़ी धूमधाम से हुई थी। मुझे तो ठीक से पता नहीं है पर सुनते हैं कि बहुत बढ़िया नौकरी मिली है, उसे और सरकारी बहुत बड़ा घर भी। बहु भी पूरा दान-दहेज लेकर आयी है। पर फुलिया का भाग शायद कभी नहीं जगने वाला। भगवान के घर से बेचारी दुःख लिखवाकर ही आयी है। पूर्व जन्म का कोई कर्म ही जो इस जन्म में बेचारी को भोगना पड़ा रहा है, और क्या!"

– हाँ, मैंने सुना था।"

– क्या?"

– यही कि फुलिया ने अपनी बेटी की शादी भी एक खाते-पीते परिवार में की है और उसका छोटा बेटा भी पढ़ाई अच्छी तरह से कर रहा है।"

– अरे दीपा क्या बतायें? एक दिन अचानक खबर आयी कि फुलिया के बेटे ने आत्महत्या कर ली। पूरा गाँव त्रहिमाम कर उठा था।

क्या?"

मैं स्तब्ध रह गयी। सोच भी नहीं पा रही थी कि इतने लम्बे कठिन जीवन- संघर्ष के पश्चात फिर कैसे यह बज्रपात वह सह पायी होगी।

मामी बोलती जा रही थीं–

"सुनते हैं कि सात दिन बेचारी बिना अन्न-जल के यूँ बैठी रह गयी। उधर बहु भी औंधे मुँह गिरी पड़ी रही। कुछ दिन तक गोद के बच्चे को आस-पास की औरतों ने संभाल दिया पर कब तक। अन्त में फुलिया की गोदी में रोते बच्चों को डाल दिया गया। बच्चे का बिलखना सुनकर ही फुलिया को होश आया। उसका भाई बतला रहा था कि बच्चे की चीख सुनकर फुलिया ने कमर कस ली और बहु के पास जाकर बोली थी कि, "जो सर्वनाश होना था, सो तो हो चुका। मैंने अपना बेटा आखिर खो ही दिया। कम से कम इस नन्ही सी जान को तो बचाना ही पड़ेगा। उसकी आखिरी निशानी है।"

– आखिर हुआ क्या था? उसका बड़ा बेटा तो बहुत समझदार था।" मैंने आतंकित होकर पूछा।

– क्या बतायें, सुना था कि छोटे भाई को बड़ा भाई इन्जीनियर बनाना चाहता था, पर उसकी मेहरारू नहीं चाहती थी, कारण पढ़ाई का खर्चा बहुत ज्यादा था। इसी कारण रोज लड़ाई-झगड़ा होता था। मेहरारू कहती थी कि माँ का खर्चा, बहन की शादी और अब पढ़ाई का झमेला। जो कमाओ सो इन्हीं पर लुटा दो, ऐसा नहीं हो सकता और एक दिन झगड़ा इतना बढ़ गया कि लड़के ने ही फाँसी लगा ली। क्या बतायें! कैसा जमाना आ गया है।"

फुलिया की दशा सुनते-सुनते आँखों से आँसू झरझराने लगे। पता नहीं, क्यों एक हताशा से मेरा मन भर गया था पर हो क्या सकता था? मेरी समझ में नहीं आया कि आखिर फुलिया की दुर्दशा का जिम्मेवार कौन है? कोई उत्तर नहीं मिला।

मैंने विषय को बदलते हुए मामी से पूछा कि– "गाँव इतना कैसे बदल गया। पहले जैसा अब कुछ नहीं रहा।"

– हाँ, दीपा, सब कुछ बदल गया, जमाने के साथ-साथ। अब पहले जैसा कुछ नहीं रहा। तुम भी तो एक युग बाद आयी हो। पहले

कैसे हर छुट्टी में चली आती थी। आखिर सब छूट गया न, घर-गृहस्थी के चक्कर में!"

मेरा मन बैठा जा रहा था। सो मामी से विदा लेकर मैं बाहर आ गयी। तभी फुलिया के बड़े भाई पर जाते हुए नजर पड़ी। वो भी अब बूढ़े हो चुके थे। टोकने पर बड़ी मुश्किल से पहचाना। फुलिया के बारे में जानने की नियत से मैंने पूछा तो अनन्यमनस्क सा जवाब मिला– ठीक ही होगी, अब कहाँ आती-जाती है।"

पूरे टोले में पुराने सारे घरों को एक-एक करके हाल-चाल पूछ आयी, पर किसी के ख्याल में फुलिया नहीं थी। जीते-जी ही वह अपने ही गाँव में विस्मृत हो चुकी थी। एक दर्द भरी दास्तान बनकर इतिहास बन चुकी थी, ठंडे लहजे में जैसे उसके भाई ने जवाब दिया था, उसने मेरे कौतुहल को हमेशा के लिए शान्त कर दिया। पर जो सवाल फुलिया ने मेरे अन्दर खड़ा किया था, उस सवाल का जवाब मैं आज भी ढूँढ़ रही हूँ। आज भी भूली-भटकी उसकी जब भी याद आती है तो वो सवाल काँच के किरचे की तरह दिल में चुभते हैं।

❑❑❑